亦麒麟高端产业人才系列丛书
E-TOWN TALENTS HIGH-END INDUSTRY TALENT SERIES

北京亦庄
BEIJINGETOWN

因你而亦 ①

栾笑语　金晶　于泳\著

BEIJING YIZHUANG IS DIFFERENT BECAUSE OF YOU

E-TOWN TALENTS

经济日报出版社

序

麒麟人才，绽放精彩

我为北京经济技术开发区高端产业领军人才班上过课，开发区的产业领军企业家们给我留下了深刻的印象。今次收到开发区发来的“亦麒麟高端产业人才”系列丛书《因你而亦》书稿，开卷有感，跃然笔端，欣然为之作序。

自1984年成立首批开发区以来，开发区已成为推动我国工业化、城镇化快速发展和对外开放的重要平台。北京经济技术开发区在全国开发区当中，无疑具有标杆意义，尤其形成了一批有特色的产业集群，这些产业集群背后集聚着各式各样的产业领军人才和创新创业人才，他们是推动产业浪潮的弄潮儿，是时代的主角。

产业发展关系到国民经济发展的活力，关系到我国世界级城市群的建设，关系到我国的现代化进程发展。创新是引领发展的第一动力。坚持创新驱动，打造富有活力的增长模式，是经济新常态时期发展的必然选择。坚持协同联动，打造开放共赢的合作模式，建设全球影响力的科技创新高地，最大程度激发创新主体、产业领军人才与创新创业人才的动力、活力和能力，建设全球创新网络的重要枢纽，以及国际性重大科学发展、原创技术发明和高新科技产业培育的重要策源地，是我们发展的重要路径，这方面开发区要扮演着排头兵的作用。与国际高科技产业巨头相比，我们在开放共赢与开放式创新领域的实践才刚刚开始，还有很大的差距，需要加强。事实上，大公司的开放式创新不仅是当前我国科技创新生态环境的最大短板，更是“大众创业、万众创新”在资本以及创新层面实现闭环的最关键因素。在这方面，李克强总理已经做过多次阐述。

北京经济技术开发区已形成若干产业集群基础，拥有一批产业领军人才与创新创业人才，在推动互联互通的产业联盟与人才发展方面发挥着重要的作用；在全国开发区改革与创新发展，产业转型升级之际，我相信北京经济技术开发区会继续发挥标杆作用。

“亦麒麟高端产业人才”系列丛书出版得很及时，在让亦庄人才青史留名的同时，实现亦庄人才包括亦庄制造、亦庄创造、亦庄精神、亦庄文化和亦庄品牌的长久记载和保存，为后世留下一份精美的文字记录和宝贵的精神财富。“亦麒麟”领军人物，讲述他们的故事，展示他们的风采，传播他们的经验，展现他们的智慧，呈现他们的成功之道，体现了亦庄产业蓬勃发展背后的人才密码。

我看了书中列举的开发区中的产业领军人才和创新人才的动人事迹和故事，被他们拼搏的精神所感动和折服。在“大众创业、万众创新”的年代，我们需要更多的创业者、企业家，更需要企业家精神。这些被采访的人都是成功的企业家，当然有些企业家也有一些挫折。从这些企业家身上我们会得到很多的启示，从他们的管理理念和成功的经验中，我们会悟出企业家成功的真谛。

从世界范围来看，企业现代化、国际化是一个潮流。新兴的产业、新兴的行业代表世界发展的潮流，这是这些企业成功的重要因素之一。除此之外，企业家在这里起着非常重要的作用。支撑企业家走向成功的根本真谛，是企业家精神。什么是企业家精神?

第一，这些企业家具有很高的素质。我不认为所有的人都能成为企业家，企业家的某些素质可能是天生的，但更重要的是这些素质和很多优势是在后天实践中锻炼出来的。这些成功企业家一个共同的特点是，他们高瞻远瞩，适应潮流，善于抓住机会，能够制订正确的企业发展战略。如果一个企业家不知道世界发展的潮流，不知道企业、行业发展的潮流，这个企业家是不可能获得成功的。

第二，这些企业家都懂得市场。他们善于思考市场的变化，从市场的瞬息万变中善于抓住投资机会，善于捕捉市场变化规律，使自己的产品实现“惊险的跳跃”，立于不败之地。

第三，作为企业家必须有冒险精神，必须敢想敢干。因为企业本身是有风险的，尤其是新兴的行业，风险很大。不仅是技术风险，而且市场竞争也非常激烈。企业家面对机会时，敢不敢去冒险，是企业和企业家成功的关键因素之一。世界上成功的企业家往往和具有冒险精神与果断决策能力相联系的。这些企业家具有坚持、冒险、创新精神，他们百折不回，诚信天下。就像书中有的企业家说的，“人生总是很坎坷的，很少有人能够预料自己将会遇到的事情。但唯有一点是非常重要的，那就是，人的一生对事业的追求应该是无止境的，有挑战才有动力，否则就是简单的重复，有什么意思呢？有什么可满足的呢”？还有的企业家说，“为什么要创业？这的确是个问题。因为创业不只意味着成功，更有可能意味着失败。其中有很多体验，根本就不在人们感官的舒适区里。但今天的中国，依然有许多拥有安稳生活的人，舍弃了这个或者那个，去创业，做想做的事情，然后在大潮大浪中摸爬滚打。”

第四，能否形成一个非常好的企业文化，对企业的发展也是至关重要的。企业家本身的道德、思想、思维、管理理念甚至所遵循的道德规范，对企业的影响非常大，是形成企业文化重要的因素。企业家要德高怀远，诚信天下，企业才能长治久安，稳定发展。要形成一个好的团队。有的企业家说得好，一个企业能否做好，归根结底，还要看团队的执行力。“团队就是壁垒”，也就是“找到一群愿意在某个方向上一起走到目标的人”。很多企业做不起来，是因为团队没有包容力。遇到困难，有人会逃走；遇到成绩，又会互相争夺，不想再招人来摘果子。领头羊不想冒险，不想冲锋陷阵的话，企业基本就是原地踏步了。

总之，在现代经济发展变化非常快的情况下，企业家的素质对企业的成功发展是非常重要的。那么，企业家有没有成功的秘诀呢？可以说有秘诀也没有秘诀，就看我们如何培养企业家的素质。这本书对中国企业家的成长也是有很大的启示的。

中国需要改革，尤其是需要进行企业改革，要给企业家创造一些环境和条件，只有这样，才能出现真正的企业家，才能出现成功的企业家。从目前来看，中国很多企业家出现在民营企业，高新技术企业，就是因为这些企业市场化程度高，机制比较灵活。现在我国有一些优秀的企业家，如马云、任正非、张瑞敏、柳传志等，但是像这样的优秀的企业家还是不够多。中国需要千千万万适应市场经济和现代化需求的优秀企业家，这样，中国经济和企业才能兴旺发达。

我认为，高新技术开发区与企业和企业家结合是一个好办法。北京经济技术开发区作为企业发展和企业家成长的孵化器，为吸引更多批企业进入，给政策，给条件，让企业和产业有更大发展空间，让企业家有施展才能的机会，也让他们在创业实践中，在园区培养中得到提高。“天高任鸟飞，海阔凭鱼跃”。

本书契合中国“大众创业、万众创新”的环境，讲述企业家、创业者创业路上发生的故事，介绍创业者不畏艰难，勇往直前的经验，会满足更多读者的需求。我相信该书会成为中国开发区企业孵化、人才培养、创业训练、产业经营、员工进阶实用的枕边书。

北京大学光华管理学院教授

曹凤岐

2017年2月9日

前言

“因你而亦”——亦庄因你而不同

墨子说：“尚贤者，政之本也。”古中国如此，现中国如此，北京和北京亦庄更是如此。亦庄贤者云集，亦庄将这些贤者称之为“亦麒麟”人才，是因为这里的人才土壤特别，亦庄也因此而不同。为了让这个不同固化成文化，于是，这套《因你而亦》的系列丛书问世了。

成功的人和鲜活的事一旦跃然纸上，也就成了可以千古流传的文化，文化不仅可以激励人、鼓舞人，还可以鞭策那些创造奇迹的人才创造出更大、更令人激动的奇迹，这就是文化的魅力，也是亦庄的魅力。

回想起来，很感慨。短短 25 个年头，在北京东南一隅已然聚集起 25.8 万名的人才队伍，光高端人才就有 9000 人，其中留学海归人员 3300 人、院士 20 人、“亦麒麟”人才 530 名（包括 63 名中央“千人计划”入选者和 117 名北京市“海聚工程”入选者）。

也正是因为有了这些最了不起的人才，这些管理者和经营者，合力打造出了四大主导产业群——生物医药、电子信息、装备制造、汽车制造，也助力了亦庄制造向亦庄创造的转变，支撑了亦庄技术创新主阵地的建设。

北京亦庄始终重视创新，始终重视并爱惜人才，“亦者，大也”，体现北京亦庄以博大的胸怀和海纳百川的姿态召唤各类人才到亦庄创新创业。所以亦庄开发区才聚集了北京市三分之一的“千人计划”

人才和七分之一的“海聚工程人才”。正走在建设高端产业领军人才发展示范区（市级人才特区）的路上。

在这条路上，我们可以看到以京东方为龙头的新型显示产业集群、以中芯国际为龙头的集成电路产业集群、以北京奔驰为龙头的高端汽车产业集群、以拜耳为代表的生物制药产业集群、以SMC、ABB为代表的装备制造产业集群和以GE为龙头的医疗设备产业集群。

在每一个产业集群的背后，都有一个优秀的人才群；在每一个人才群的背后，都有为人才尽心服务的一帮人。始终秉持着真诚、热情、积极的态度充分尊重、诚挚对待每一位优秀人才，在生活上关怀，在事业上支持，栽下梧桐树，引得凤凰来，唱响了“亦麒麟”品牌，这就是亦庄。

在国家京津冀协同发展的战略大局下，北京亦庄具有独特的区位优势，是京津冀城市群的重要节点，若要在亦庄这片热土上创造更大的奇迹、铸就新的辉煌，必须再聚八方人才，牢记“环境好，则人才聚；人才兴，则事业旺”。

《因你而亦》就是亦庄因你而不同，每一个在亦庄打拼的人才都是功臣，每一个要来亦庄的人才都是未来的功臣。这套丛书不仅会记录一批批建设亦庄的高端人才，而且会记录一代代延展亦庄内涵、改变亦庄面貌的各界精英，才会把亦庄的独特文化传承下去。

人才总是把梦想变成现实！

2017年2月15日

目录

作出回国决定，只用了两个星期。谢良志说服太太，“即使现在不回去，再过 10 年我还是要回去的。即使过 10 年还不回去，退休后我还是要回去的。但是退休后回去就只能游山玩水，现在回去还可以趁年轻干一番事业。”

杨云春一路走来都是团队的核心人物。在他上学期间，惯性导航是一个冷门、偏门的专业，大多数的专业分配岗位都很偏僻。这么多年下来，原来班上 30 位同学里，有 25 位都转行去了其他行业，剩下 5 位坚守在导航行业的同学，都被他召入麾下，组成核心团队，在关键岗位上起到了骨干作用。

王印祥最后决定遵从自己的内心，选择回国创业，回想起这一段重要的人生抉择，他引用著名经济学家、哈佛大学教授熊彼特在晚年时曾经说过的话：“在我现在这个年龄看来，人们若只晓得我写了几部著作及发明了一些理论，我认为是不够的。如果没能改变人们的生活，你就不能说你已改变了世界。”作为一名青年学者，王印祥觉得尽管不能以熊彼得的标准来作为他人生成功的标准，但是如果在有生之年，能研制出几个能给人们生活带来影响的药品，也算是有个交代。

定下来，就去做。这是范振灿的人生哲学。当他提出要回国的时候，朋友们都觉得，这个是不是跨度太大了？在美国生活了近 20 年，已有优越的社会地位和踏实的生活，回中国再创业？对于这个问题，范振灿没有太多顾虑，回答说，“总是比较、犹豫，那就回不来了。想清楚自己要做什么，才是最重要的。”

一个企业能否做好，归根结底，还要看团队的执行力。“团队就是壁垒”，也就是“找到一群愿意在某个方向上一起走

人生总是很坎坷的，很少有人能够预料自己将会遇到的事情。但唯有一点是非常重要的，那就是，人的一生对事业的追求应该是无止境的，有挑战才有动力，否则就是简单的重复，有什么意思呢？有什么可满足的呢？

我认为，一个人的职场生涯有4个十年。第1个十年是“学习”，在岗位上学，边干边学，跟师傅学、跟领导学、跟同事学，不要好高骛远，不要天天想着待遇福利，要想自己学到了什么东西；第2个十年是“独立担当”，大家要争取在第2个十年内成长起来，可以独当一面；第3个十年是“价值体现”，不忘初心、方得始终，最初的目标是否能实现关键看这十年；第4个十年是“梦幻十年”，做得好梦想成真，做得不好只能是“黄粱一梦”。

回头看，创业的选择是对的。许多科学家都是从实验室走出来，到药厂，再从药厂回到大学，几年后再从大学进入社会。闫励也从这“进进出出”的经历中蜕变得更加成熟，有了更深的感悟，“人就是这样的，需要走出来，再回去，

成功，更有可能意味着失败。其中有很多体验，根本就不在人们感官的舒适区里。但今天的中国，依然有许多拥有安稳生活的人，舍弃了这个或者那个，去创业，做想做的事情，然后在大潮大浪中摸爬滚打。

后记 \ 223

谢良志：

让埃博拉病毒毙命的中国子弹

企业家小传

谢良志，湖南人，1966年出生。1987、1990年分获大连理工大学无机化工学士学位、化学工程硕士学位；1991年进入美国麻省理工学院学习，1992年以化工系总分第一名获得攻读博士资格并进入生物工程技术中心主任王义翘教授的实验室；1996年以全优成绩获美国麻省理工学院生物化工博士学位；1996年加入美国默克公司从事病毒疫苗的研发工作，负责开发了三个全球上市疫苗产品的生产工艺，领导建立了全球规模最大的人用病毒疫苗2000升GMP生产工艺。

2002年回国创办神州细胞工程有限公司，兼任中国医学科学院、协和医科大学细胞工程中心主任，教授。掌握了目前世界上最先进的大规模动物细胞培养的尖端技术。

2009年，入选中组部第一批“千人计划”、第一批北京“海聚工程”、第一批“中关村高聚工程”；2015年入选“北京榜样”。

2016 年，谢良志在研发实验室。

2003年的一天，半夜12点。谢良志和许多医学专家坐在一起开会，讨论面对如此紧急的形势，该怎么办？又能做些什么？

那一年，SARS病毒开始在全国范围内蔓延，尤以北京地区为甚，每个人都陷在被病毒感染的危险中，心理安全的防线更遭受严峻挑战。对此，谢良志和中国医学科学院的同事们一筹莫展。

SARS是一种什么样的病毒，人们不知道；致病源是什么，人们不知道；还要持续多长时间，人们不知道；有可能波及多少人，人们也不知道……面对疫情，谢良志空有一身本领却无从下手，干着急。病毒面前，谁都不安全。但即便如此，他和同事们还是坚持出门、开会，讨论应对的办法。

一场非典疫情，不仅让我国经济社会发展带来巨大损失，也更加坚定了谢良志的发展的方向。“国家有需要，我们企业却没有积累，无法开展应急研发，怎不令人扼腕！”当时的心境如烙印一般留在谢良志的心里。那时，兼职中国医学科学院教授的谢良志回国创业才一年，如今的生物制药领域领军企业——神州细胞工程有限公司还是个小公司。

最惊心动魄的“战争”

2014年，埃博拉病毒肆虐非洲，世界恐慌一片。发现这一病毒已有30年，人类却依然难以攻克。在政府的支持下，美国和加拿大两个公司坚持十几年的高投入，终于做出了3个抗体，只在实验室里制作了几个人份的用药，组合起来使用后证明，对抗埃博拉病毒是有效的，而抗体的基因序列和其他相关信息已在专利和文章中公开发表。

经历了 SARS 疫情的中国反应迅速。面对来自疫区的输入性风险，为保障在非洲援建、援医人员生命安全，需要最快速度仿制出可用于应急救治的药品作为战略储备，一旦需要即可申请知识产权的紧急授权。

再一次面对国家需要，谢良志和他的神州细胞工程有限公司已经做好了准备。依靠世界一流的制药工艺，仅用了一个半月时间，就制作出了 40 克、可供 10 人的药量，速度世界第一。于是，在与埃博拉病毒的“战争”中，中国“战场”有了可以迎敌的“子弹”。

完成此次应急任务并不容易。虽然国家有少量补贴，但生产车间全部停下专攻埃博拉病毒应急药物的生产，对神州细胞这样的民营企业来说，商业上的损失着实不小。但谢良志将此视为当然，有了药物上的储备，国家在这方面的安全就有了一道保障，意义之大完全不能用金钱衡量。

也许是 2003 年，病毒面前无能为力带给谢良志的深刻印象，此后他和他的团队加紧搭建应急平台，积累应急国家安全的能力，在每一次阻击病毒的战役中，都会上一个台阶。

2009 年，甲型 H1N1 流感疫情全球蔓延。神州细胞仅用 30 天时间便研发出了疫苗等研究所必需的血凝素蛋白，为全球研究者提供了一个非常关键、有效的工具试剂，并被全世界几十个国家的疾控中心、科研单位和企业使用。神州细胞也因世界第一的速度一举成名。如果有人能提供病毒的基因，这一时间他们还可以压缩为两周。

2013 年，中国突发 H7N9 禽流感疫情。国家疾病控制中心

2012年8月，谢良志（左）在义翘神州研发实验室，向时任北京市大兴区委书记、北京经济技术开发区工委书记林克庆（右）介绍公司产品。

很快确认，这是一个新型的流感病毒，并且公布病毒的基因序列。卫生部立即组织人员攻关，进行科研准备，号召各界“自带干粮、全力以赴”。谢良志的团队拿到病毒的基因序列，从零开始，仅用12天时间就完成了H7N9的血凝素蛋白生产，6个月内完成了一种H7N9新型中和抗体应急药物从发现到临床申报的全部研究工作，并快速完成了可供1000人使用的1.5公斤应急抗体药物GMP生产储备，速度再次拔得世界头筹。

“与病毒作战最是惊心动魄，我们要跟病毒蔓延抢时间、抢生命。这个速度算是全世界都前无古人了。”谢良志每次提起团队的战绩，总是十分欣慰，但欣慰之中亦有忧虑。埃博拉、登革热、寨卡……来自自然界微生物的安全威胁长期存在，人类对病毒的战争也会长期存在。谢良志坚信，这正是生物医药行业的重要意义所在。

筑牢人类生命的防线

如果不是生物医药国际知名的生产专家，谢良志很可能成为计算机领域人工智能的翘楚。如今，谢良志的愿景是研制新药、研发疫苗，为人类生命构筑起一道牢固的防线。而这个需要穷极一生的“大志向”，却是谢良志在学业中途选择的一个“调头线”，在他的人生轨迹中划出了一个大大的“急转弯”。

1983 年，谢良志考入大连理工大学化工专业。那时候，计算机刚刚在国内出现，相关应用迅速吸引了谢良志的注意，计算机编程更是激起了他的极大兴趣。一个程序解不出来，他可以不吃饭不睡觉，简直到了着迷的程度。1991 年进入美国麻省理工学院化工系，谢良志是冲着研究人工智能去的。麻省理工的计算机系、媒体实验室（Media Lab）和化工人工智能的研究都是世界顶尖的。原以为，从传统化工专向化工系统工程，算是一次学业上的“纠偏”，却没想到，一次讲座却再次改变谢良志的学术道路。

那是化工系的一堂讲座，说到生物医药里一种治疗中风药的生物药。人体里本就有溶解血栓的成分，但血栓一旦形成，靠人体自身溶解远远不够。这时候，通过生物医药制成的溶栓蛋白药就能用人体自有成分快速溶解血栓，治病救人。最重要的是，生物医药的生产手段须紧密依靠化工，利用化工的工艺才能将药做出来。

化工还能做这样的事情？！谢良志大开眼界。尽管对生物一窍不通，但他找到了更大的人生意义。如果能研制出来新药，就有可能挽救亲人、朋友，甚至他自己的生命。这对谢良志来说，太震撼了！

谢良志的人生转折在这一刻突然到来。放弃热爱的计算机编程，重新选择化工专业，在生物专业上从零开始，他没有太多犹豫。于是，在麻省理工生物专业本科的课堂上，出现了谢良志的身影。最难的是第一门课——《生物学入门》。那么多生物学的专有名词，人家学了多年的内容，他一个学期就要啃下来。谢良志至今仍会时常感慨，他在麻省所有考试科目得分都是 A，唯有这门课得了个 B。不过拿下这门课之后，所有的相关科目他还是都拿了 A。

在艰辛的努力下，谢良志走上了另一条道路。1992 年，他以化工系总分第一名的成绩获得攻读博士资格并进入生物工程技术中心主任王义翘教授的实验室；1996 年，又以优异的成绩获得美国麻省理工学院生物化工博士学位，博士研究期间发表工程技术学术论文 10 篇；同年，加入美国默克公司 (Merck & Co., Inc)，从事病毒疫苗的研发工作。

默克公司当时是世界顶尖的制药公司。在这里，谢良志负责参与开发了三个全球上市疫苗产品的生产工艺，领导建立了全球领先的腺病毒载体艾滋病疫苗生产工艺，该工艺目前仍是人用病毒疫苗全球规模最大的细胞培养和病毒生产工艺。

外界看来，这是谢良志在默克公司的最大收获，但他自己却不这么认为。让谢良志印象最深的是默克公司创始人的座右铭："做药不是为了利润，而是为了服务人类健康。"这与谢良志的人生选择不谋而合。

谢良志在默克公司有 5 年时间负责艾滋病疫苗的生产工艺。当时，公司对疫苗做了各种经济上的评估，都认为这个疫苗做出来，在经济上将是赔本的。但默克公司依然将最好的人才、资源投入进去，10 年投入 9 亿美元。作为最顶尖的制药和艾滋病疫苗研发公司，默克公司认为它有社会责任必须全力做这件事情。这让谢良志很有感触，也体会到做生物医药必须是真正有情怀的人。

祖国才是真正的家

要不要回国？对于早期出国留学的很多人来说，这的确是个需要选择的问题。离开祖国的时候，国内外差距很大，不但在生活上有落差，即便科学研究，国外实验室的设备条件、管理模式也更加吸引科研人才。

但是这些，对于谢良志来说，却都不是问题。“随时一个招呼，我就可以回来。”谢良志对自己乃至家庭的重大选择总是这样轻描淡写。这个“招呼”在2002年到来了——昔日的同事打来电话说，“中国的生物技术产业化遇到关键瓶颈，最缺像你这样掌握大分子生物药技术产业化的高端人才。”当时的谢良志认为，在默克公司的艾滋病疫苗研发上，自己能做的都做了，没有遗憾，是该考虑回国了。

2014年7月，谢良志（左）在义翘神州研发实验室，向时任北京经济技术开发区工委委员、管委会副主任绳立成（右）介绍公司产品。

其实在1995年，谢良志就想过回国。那时，他代表美洲留学生回国参加中华全国青年联合会和全国学生联合会，不但接触到很多团中央领导人，还走进中南海与国家领导人深度座谈。当时欧洲、日本和澳洲的代表都非常想回来，给他触动很大，但他深知，自己并没有准备好回国效力。一来。谢良志在麻省理工的学业尚未结束；二来，他对国内生物医药产业化还一窍不通，仅仅学会实验室的科研，就算回国，也未必能干成什么事业。

作出回国决定，只用了两个星期。谢良志说服太太，“即使现在不回去，再过10年我还是要回去的。即使过10年还不回去，退休后我还是要回去的。但是退休后回去就只能游山玩水，现在回去还可以趁年轻干一番事业。”

听到谢良志要回国发展的消息，在美的同学和朋友都觉得，他这是消停日子过腻了。“因为我是湖南人，一根筋！”谢良志认为出国就是一个过程，不是终点，他从来都没有一丝一毫的想法要在美国扎根。

抱着这样的态度，谢良志在美12年，是行业内国际知名的生产工艺专家，仍始终保持中国国籍；买了个房子，却不添置一件多余的家具，因为知道以后回国终将卖掉；谢良志夫妇要孩子比较晚，到了知天命的年纪，儿子才上小学，就是想让孩子在中国的土地上长大，成为地地道道的中国人……

2002年6月，神州细胞工程有限公司在北京经济技术开发区成立，谢良志和他的团队几年后就成绩斐然，成为一家知名生物医药高科技企业。现在有朋友会对他说，“你有眼光、有远见，赶上了国内发展又好又快的一个时期。”谢良志却根本没想那么多。回国只要能做事，有用武之地，就行了。

公司创立的地点亦庄，也是谢良志的得意之选。他考察了亦庄、大兴、上地、中关村，毫不犹豫地选择了亦庄。创业软环境比较优越，区位优势也十分凸显。企业要成为“百年老店”，就要找一个利于长远发展的地方。现在来看，当时的选择是对的。

小企业肩负大责任

现在的神州细胞是业界明星，但十几年的创业路很不好走。

做生物医药，2002 年的国内市场条件并不完备。不但新药研制过程充满不确定性，就算是过程一帆风顺，从实验室到临床，再到投入市场，常规也要花费十几年时间。正如业界所说，“一位妇女要花 10 个月才能完成孕育后代的过程，但不能让 10 位妇女共同花一个月将孩子生下来。”生物医药自身特点，决定了其就是个投入大、风险高、回报期长的行业。对此，业内亦有共识：研发新药，其难度不亚于研制火箭。

这一规律，就连世界顶尖的美国默克公司也无法避免。10 年时间、投入 9 亿美元的艾滋病疫苗研发，在投入临床实验 3 年后宣布失败。这让已经身在中国的谢良志深受打击，也是生物医药必须承担的“行业痛苦”。“艾滋病疫苗的失败，让对这方面的研究一下子倒退到 20 世纪 80 年代，还需要重新研发二三十年才有可能出来新的疫苗。”谢良志对此耿耿于怀，时常会想，“20 年啊，还会有多少人感染艾滋病？如果成功，又将有多少人能够受益？”

背负着这些，谢良志和他的团队义无反顾地在这条路上行进着。不能只靠研制新药一条腿走路，神州细胞将目光转向实验材料蛋白的研发生产，为全世界科研机构和人员提供重组蛋白和抗体工具试剂。它们是生物医药界的最基本的原材料。如果航天梦想靠火箭运载工具，那生物梦想就要靠高质量的蛋白和抗体试剂工具。目前，公司已经研制出了 5000 多种重组蛋白和 9000 多种高质量抗体工具试剂，建立起了全球规模最大的重组蛋白工具库。这些高端试剂销往全球 60 多个国家，成为全球生命科学基础研究和新药研发的重要支撑。

与此同时，生物医药行业的疫苗和新药研发始终是谢良志团队的主攻方向，许多新药正在加紧研制，这一块已经连续投入了十几年。谢良志经常教育员工们，“医药企业永远要把社会效益放在第一位，光想赚钱就不该干这一行。医药企业最大的价值是用更安全、有效的药治病救人。”

的确，对谢良志来说，用更安全、有效的药治病救人，是“更有意义的事”。“意义”这个简单的词语体现在他身上，便充满张力、深度和实际上的内容，因为他始终以“意义”之“有无”、之“大小”来衡量身边的人和事。

在美国生活工作了 12 年，身边有不少留学生加入了美国国籍，在当地拥有更加稳定的生活，但谢良志没有。他面对美国国旗，说不出那些话。他的解释很实在，回国后，他们的绿卡也都放弃了。

儿子在美国出生、拥有美国国籍，成了他的一大憾事。孩子出生才 28 天，谢良志一家就回国了，儿子再没去过美国。他希望中国以后能宽松入籍条件，儿子还有机会改回中国国籍。

如果顺着计算机的路走下去，赶上了计算机风起云涌的淘金年代，谢良志能成为名副其实的富人。但也是因为更注重生命科学的“意义”，谢良志如今依然生活简朴，承担着持续资金投入和公司可能亏损的压力。

“我们还会亏损一段时间。”谢良志对任何人都可以襟怀坦白，“在服务和科研试剂上是有盈利的，但目前新药研发的品种越来越多，研发投入越到最后，投入就越是指数性增长。整体来看，未来还会亏损几年。”

面对亏损的预期，谢良志却很有信心——他们把自己的身家性命全都投入进去了，这件事情一定要做好！新药、新疫苗成功上市，不但能挽救更多人的生命，他们自己的事业也会稳健扩张。等他们做的宫颈癌疫苗全球上市，这辈子就可以安心了。

到那时，他真的能安心退休？连谢良志自己都并不确定。说不定又会研发新的药品。想到能救更多的人，谢良志就觉得他这辈子就没白活。

企业家感言

做更有意义的事

我最大的爱好是工作，最大的休息是工作，因为我觉得，最有“意义”的事情就是工作。我最不喜欢假期，一到假期就觉得难熬。亲戚朋友会到处旅游，那有什么意思呢？看看新的科研文献，了解新的行业信息，我觉得就很轻松了。

在听了那场涉及生物医药的讲座之后，我发现了对人类更具意义的广阔天地。于是，我毫不犹豫地将人生的车轮“调头”，将身家性命全都投入到生物制药的大事业中。我连那么热爱的计算机都放弃了！怎么能不做好！而我和我的团队始终坚持的“意义”，也在吸引更多志同道合的人。

杨云春：误打误撞成“导航先锋”

企业家小传

杨云春，1969年出生，山东青州人。现任北京耐威科技股份有限公司董事长。哈尔滨船舶工程学院惯性导航与仪表专业学士，哈尔滨工程大学惯性导航与仪表专业硕士，美国加州大学电子工程专业博士。多年从事微机电惯性导航技术、卫星导航技术、捷联惯性导航技术、姿态测量技术和组合导航系统融合技术等方面的研究工作。

2011 年 7 月，杨云春在瑞士旅行。

谁能想到，业内公认的导航先锋杨云春，最早也是位满怀好奇的“门外汉”。

在导航领域“深耕”了数十载的杨云春，取得了一系列令人瞩目的成就：从参与国家科技部科技型中小企业技术创新基金资助的“基于磁传感器辅助微机电（MEMS）惯导的姿态测量系统”项目，到作为课题组副组长参与国家“863”计划课题“国产低成本 CORS 基准站接收机技术”；从主持国家“863”计划课题的子课题“GPS 板卡优选及抗干扰技术”，到作为课题负责人主持国家“863”计划课题“GPS/BD-II 导航兼容型接收机研制”和国家科技支撑计划（导航产业联盟）课题“GPS/GLONASS 双模导航接收机机制”……

这一系列的科技成就，竟然始于他高考那年少考的那两分。

一次人生的误打误撞

杨云春与导航的缘分，从 1989 年开始。那一年，他因为高考分数少了两分，没能如愿考上清华大学，于是便接受调剂分配，北上入读哈尔滨船舶工程学院。在那里，他一上来接触的专业就是惯性导航仪表。

这个专业太陌生了，连名字都没有听说过。是做什么的？杨云春带着一堆问号四处找人询问，也没能问出个所以然。带着疑惑的心情，他开始与惯性导航技术打交道，直到现在回想起来，他仍觉得这是人生中的一次误打误撞。

杨云春从小读书成绩就好，早已形成了一套自有的学习模式。即便在一无所知的陌生领域，他也能迅速进入状态，啃下专业"硬骨头"。在校期间，除了本专业之外，他还同时辅修了第二专业计算机。

在哈尔滨船舶工程学院拿到惯性导航与仪表专业学士学位后，杨云春又到哈尔滨工程大学进入惯性导航与仪表专业学习。就这样进一行爱一行，他一路读到美国加州大学电子工程专业，并取得博士学位。

在美国学习期间，杨云春还承担了美国交通部自动驾驶项目的组合导航部分。所做的工作主要是将路面磁化传感器航向技术跟微机电捷联惯导和 GPS 融合技术应用于高速公路车辆自动驾驶中，获得车辆自动控制厘米级精度的效果。

2005 年，杨云春所掌握的技术已接近炉火纯青，带着创业的梦想，加入到滚滚创业大潮之中。不幸的是，这一次"试水"，让他深感创业的艰辛与不易，由于资金压力，市场调整等种种原因，公司一直在生死线上挣扎。国外市场难探路，国内尚有成本差。但杨云春并未气馁，他稍作调整后，最终将目光转向具有广阔前景的国内市场。

杨云春经常说，"为祖国工作才能感受到科研工作的意义重大，才能更有动力。"他将美国公司的产品生产线上硬件加工、组装、调试的环节放回国内，开始了回国创业的征途。创业初期的艰辛并没有阻挡他的创业梦，面对国内导航领域的广阔发展前景，杨云春创业的步伐更加坚定执着。产品的逐渐成熟，填补了国内行业领域的"空白"，创立了当时国内唯一具有"惯性导航+卫星导航+组合导航"全覆盖的自主研发生产能力的民营企业，公司逐步发展成为惯性导航系统、卫星导航产品的研发、生产与销售一体的高新技术企业，产品主要服务于国防军事、民用导航、测量测绘等领域。2006年，他将公司重新命名为"耐威科技"，希望公司能够充满耐心和威力。

然而实现梦想的每一步总是更为艰难，在创业路上，更是如此。

刚回国的时候，杨云春带领核心小团队经常加班加点、没日没夜地干活儿。但是空有一身好技术，找不到可以对接的市场，产品做出来没有需求方，这些问题一直困扰着团队。

在美国的公司因为面临同样的问题已经关掉了，中国公司绝不能重蹈覆辙！就这样想着，杨云春开始利用一切机会寻找可以对接的市场。终于，在2006年的国防电子展上，杨云春结识了一位代理人。通过后者的介绍，杨云春团队参与了一家航空公司的全球招标，并最终拿到标的。由于不了解行情，他们开出的报价非常便宜，项目做下来几乎没有什么利润可言。但是，也就是通过这次合作，他们的产品得到客户的认可，建立了口碑，打开了市场。那之后，公司惯性导航项目随之而来，苦日子终于熬过去了。

喝奶、养牛、开牧场

想喝好的牛奶，就要先养好的奶牛；要养好奶牛，就需要好的牧场。作为企业负责人，杨云春还有一段神奇的经历，就是在一年时间内按照"喝奶、养牛、开牧场"的思路进行战略布局。

原来，耐威公司在做导航产品的时候，需要大量的传感器作为产品零部件。然而，国内尚没有能够充分满足需求的传感器厂家。做出的设备长期停留在实验室样品阶段，没有办法产品化。

虽然从国外采购传感器也是一个途径，但在一些特殊领域仍无法适用。

批量生产推不动，就像想喝奶却找不到足够的"奶牛"，怎么办？

杨云春思前想后，最终决定自己上手"养牛"，自主开发传感器！那时的耐威公司还没有上市，开发面临巨大的资金困境。杨云春找来副总一商量，决定申请国家重大专项资金。

当时，北京、上海两地有多家企业都在同时申请。杨云春找到了项目申请负责人，中科院微电子研究所的叶所长。一番促膝长谈，双方越来越熟悉，甚至连耐威与微电子所很近都成为一项"地缘"优势。

叶所长被杨云春的热情感动，也为他"喝到纯净奶"的决心所折服，同意让他们参加竞争。但命运总会捉弄人，2012 年

2015 年 5 月，杨云春在深圳证券交易所公司上市现场。

的竞标，杨云春还是落标了。这个打击结果让他意识到，从用传感器到做传感器，中间隔了条深深的鸿沟。

到 2013 年，专项资金又列了另外一个相关项目：传感器生产线、代工线，用于特殊设备的加工。杨云春察觉到一丝柳暗花明，虽然这一次和之前相比，目标变成了"开牧场"。

怎么保证项目实施？你的团队在哪里？你的技术在哪里？被问到同样的问题，经过一年休整的杨云春不但熟悉了"游戏规则"，而且做好了充分准备。由耐威公司出面，与微电子所合作，共同发起申报。

皇天不负有心人，项目还真被他拿到了，但为了让风险降到最低，同时还附加了一个条件：先立项，后补助。这就意味着，5 亿元的项目资金要等到项目完成后才会拨付，前期没有一分钱投入。

做不做？当然做！

看到一丝光线，就要把它变为灿烂的阳光。2014 年 9 月秋天，已获得项目资源的杨云春开始信心满满施展拳脚。从需要传感器，到生产传感器，再到制造代工线，杨云春在此基础上更进一步，将战略目光拓展到用传感器进行测控、数据收集、无人驾驶、物联网应用等领域。

从捉襟见肘到游刃有余，杨云春一路遇到无数困难却一直在坚持，抓住机会大胆突破，一种企业家独有的气质气魄，在他身上慢慢"发芽"。

挑战永远在路上

机会往往留给有准备的人。一路走来虽然多有坎坷，但每逢大事儿和关键时刻，杨云春的步子还都算赶上了、走对了。然而，新的挑战依然层出不穷。

2009 年，他带领耐威科技公司与挪威的公司进行接触，想通过并购引入先进的生产工艺和流程。但是，由于知识产权方面的限制，前后两次并购意向都没有结果。

怎么办？杨云春转换了思路，在前两次并购的过程中，他已经逐步熟悉了这家公司的上下游产业链相关企业。其中有一家设计公司，又进入了他的视野中。

业内技术 No.1，类似 Design House 的规模，2012 年的产值、技术含量、产品和财务报表都不错，员工大都是从爱立信等老牌电信企业出来的经验丰富的员工……杨云春下定决心，只要能将这家公司的技术并到国内，我们就要！

2015 年 5 月，耐威科技在深交所上市时，杨云春（第二排左九）与上市团队合影。

巧的是，那段时期北京市政府成立了集成电路产业基金，专门做集成电路领域的并购项目。有了基金在资金上的支持，2014年9月，一场并购大戏拉开帷幕。之后10个月时间里，杨云春全身心地投入到公司发展中。

功夫不负有心人。2015年5月，北京耐威科技股份有限公司成功登陆创业板，并首次公开发行股票，成为开发区海外学人创业企业中的资本运作佼佼者；2015年7月，在国家资本的扶持下，耐威科技成功收购瑞典MEMS代工企业赛莱克斯，填补国内行业空白；2016年9月，杨云春在亦庄启动了月产3万片传感器生产线，将产量一下子扩大了4倍……一口气做完这几件大事，也让他感叹，所谓的幸运，其实都在事先持续认真的准备中。

公司发展一路高歌，新的挑战又来了。

杨云春一路走来都是团队的核心人物。在他上学期间，惯性导航是一个冷门、偏门的专业，大多数的专业分配岗位都很偏僻。这么多年下来，原来班上30位同学里，有25位都转行去了其他行业，剩下5位坚守在导航行业的同学，都被他召入麾下，组成核心团队，在关键岗位上起到了骨干作用。

但“同甘共苦”也遭遇着现实生活的“侵蚀”。随着2015年5月公司上市，二十几位股东拥有了原始股。2016年5月16日，原始股解禁，有的股东卖掉了一部分股票改善生活，便立即拥有了上亿元的身价。换房买车、生活小康、财务自由，这都是好事，但顶着事业向前冲的劲头却弱了下来。有人对他说，生活的压力小了，人生的意义却找不到了，不想再在一线做调程序这样的工作了。这让他发了愁。

杨云春知道，队伍如果缺少凝聚力，对公司来说，是个比外在条件更严峻的挑战。他常常凌晨3点就睡不着了，想着怎样把队伍，尤其是研发队伍的人心紧紧凝聚在一起。正因为这样的忧虑，成立耐威研究院成为杨云春的下一个目标，以研究院为平台，打造专业的研发团队，牢牢抓住技术的主动权，始终保持队伍的凝聚力。

打造一家实干的企业

从创业初期的摸爬滚打，到后来公司经营的生死一线，再到回国创业的重新出发、成功上市，杨云春经历的不仅仅是市场的波澜、技术的瓶颈，还有贵人的帮助、家人的支持。

在杨云春心中，北京市和亦庄开发区的支持正是关键时前来相助的贵人。这些年来，无论是产业基地建设问题还是并购，他都得到了亦庄深切的关怀和及时帮助。这种实实在在的鼓舞和激励,对想做事却还不太适应国内环境的海归学子来说尤为重要。

亦庄似乎也是创业者的"福地"。进入开发区后，耐威科技在这个充满创新氛围的环境中，研发出了更多高技术产品，分为惯性系统、卫星导航、组合导航、移动测量等四个类别，寻北仪、GNSS 接收终端、双天线组合导航、POS 系统、激光扫描仪等尖端产品更是得到众多客户企业青睐。

家人的支持与付出是杨云春心中最柔软的角落。

杨云春决定回国时，儿子只有 7 岁。面对即将到来的长时间分离，他不得已，与这个"小大人"进行了一次艰难的对话。每次回忆起儿子抱着他的腿，又哭又闹不让他走的情景，杨云春心里都有一种亏欠油然而生。

与母亲的分离，也是杨云春心中永远的遗憾。2012 年中秋，杨云春出差巴基斯坦做项目，没能和家人团聚在一起。那时，母亲刚刚做完手术，由姐姐陪伴住在医院里。中秋过后，母亲过世。这份锥心的离别之痛，至今仍埋在他的心底。

越是困难的境地，就越需要克服的勇气和动力，但向前迈进的每一步，也都伴随着汗水与泪水。

靓丽的成绩人们看得到。在杨云春的带领下，耐威科技自主研发并掌握了惯性导航和卫星导航产品的软、硬件设计核心技术，目前拥有获得计算机软件著作权32项，软件产品证书7项，成为我国导航定位领域的高新技术企业和“双软”认证企业。不但自主掌握了产品的核心技术，已具备惯性导航产品自主研发生产能力，拥有从惯性传感器到惯性导航系统、组合导航系统的完整产业链，还打造了齐全的产品系列，广泛应用于国防、航空航天、仪器设备、科研院所、教育机构等行业和领域。

特别是近年来，公司承担了一项国家科技重大专项项目、两项科技部创新基金项目，参与了两项国家863计划高技术科研项目、一项国家科技支撑计划课题、一项国家自然科学基金资助项目、一项国家实验室建设配套项目及一项原铁道部科研项目。

然而在奋斗路上，得失之间，谁也无法体会杨云春内心真实的感受，恐怕他自己也难以言说。

不过，面向未来，杨云春的目标十分明确，那就是要将耐威科技打造成一家实在、实干的企业。这个目标显得平实，又着实令人期待。

企业家感言

创业需要人才团队“源动力”

创业首先要努力去做去尝试，哪怕是失败，也要从一次失败中获取经验教训，为未来的成功打下基础。

创业还要学会借力，通过资源整合，将优质的人力、物力、财力等资源聚拢在公司周围。

人才是推动社会发展的“源动力”，当我们的事业发展到一定规模，在选人、用人、培养人等方面就需慎重考虑。耐威科技今天的成就离不开耐威科技的人才团队，耐威科技的明天依然要靠更多的人才团队来推动。目前，我们已经开始搭建新的专业高管团队。

我曾经站在“亦麒麟”的颁奖台上，希望未来我们有更多的员工能够站到同样的平台，得到社会的认可，创造更大的价值。有了优秀人才团队这个“源动力”，耐威科技也必将创造更多更大的价值，得到更持久、长足的发展，加速实现我们的目标。

王印祥：

靶向抗肺癌　十年磨一药

企业家小传

王印祥，贝达药业股份有限公司总裁兼首席科学家、北京加科思新药研发有限公司董事长。中国预防医学科学院毒理学专业硕士，美国阿肯色大学生物化学专业博士和耶鲁大学博士后。2003 年回国创建贝达药业有限公司（2016 年 11 月登陆深交所创业板），筹建北京新药研发中心。主持完成了国家一类新药“盐酸埃克替尼—凯美纳”用于肺癌治疗的研究开发，并于 2011 年上市，是中国第一个小分子靶向抗癌药（化学药 1.1 类），获国家科技进步一等奖，两项国家专利金奖，浙江省科技进步一等奖。2015 年创建由贝达及数家 VC 联合投资的北京加科思新药研发有限公司，专注于原研药的研究开发。

2016年，王印祥在第七届肿瘤转化研究学术论坛开幕式致辞。

2016年11月7日，伴随着上市的钟声，贝达药业股份有限公司正式登陆深圳创业板，贝达药业的核心产品正是中国医药产业中的明星产品——“凯美纳”（盐酸埃克替尼），业界专家认为，“凯美纳”的成功研发，不仅是企业的成功，更是在行业中掀起了一轮创新药物研发的热潮。

“凯美纳”作为我国第一个拥有自主知识产权的靶向抗癌新药，于2011年获得国家食品药品监督管理总局（CFDA）批准上市，结束了我国小分子靶向抗癌药完全依赖进口的历史，时任卫生部部长陈竺曾称赞这一成果“堪比民生领域的‘两弹一星’”。

截至2016年上半年，服用凯美纳的患者人数超过了10万人。凯美纳的研发团队出自北京经济技术开发区，团队的核心就是王印祥博士。

求学路上

20世纪80年代初期，考上大学，进城读书，国家分配工作，是很多农村学子的梦想，王印祥也没有例外。1980年高中毕业的他，也和大多数怀揣梦想的年轻人一样，走上了求学之路。

对于要学什么专业，王印祥倒是没有考虑太多，因为当时他自己也不清楚喜欢什么专业，最后他选择了卫生专业，这是当时一个比较冷门的专业。有趣的是，当时王印祥甚至不知道卫生专业是做什么的，于是他跑到乡里卫生院去咨询，人家回答他：卫生专业就是学医的。直到入学后他才明白，卫生专业的毕业生将来要到防疫站工作，就这样，毕业后王印祥毫无悬念的被分配到河北邯郸地区卫生防疫站工作。

防疫站的工作很接地气，下煤矿、进工厂更是家常便饭，工作是相对固定的，但是同时也是单调的。那时候，他感觉预防医学工作像行政工作似的，和他当科学家的梦想相差甚远，王印祥于是萌生了考研深造的念头。经过几年的准备，王印祥最终如愿考上了中国预防医学科学院的研究生，专业为毒理学，那一年，他 24 岁。

已经成为毒理学研究生的王印祥，他的日常研究工作包括给实验动物喂各种药物，然后监测肝功能、体重变化，再进行毒理分析等。而这个时期，分子生物学刚刚在中国兴起，分子生物学专业的同学整天谈论"基因""克隆"等"高、大、上"的话题，本身对生命科学就有着浓厚兴趣的王印祥被深深地吸引了。他突然意识到，分子生物学专业才是他想做的科学，于是决心将研究方向转向分子生物学。

终于在 1993 年，他成功考入美国阿肯色大学医学院，开始攻读分子生物学博士学位，随后到耶鲁大学做博士后研究。只是他不曾想到，这一去美国，整整用了 10 年。在美国的 10 年时间，像大多数科研工作者一样，王印祥做课题，发表学术论文，参加各类学术会议。当他完成他的博士后课题，即将进入下一个抉择点时，他内心也曾经历挣扎。

按照留美学者常规的路径，王印祥可以选择去大学做教授，在象牙塔里继续自己的科研事业，也可以选择进入外企谋得一份收入可观的工作，还有一条路就是回国创业。

王印祥最后决定遵从自己的内心，选择回国创业，回想起这一段重要的人生抉择，他引用著名经济学家、哈佛大学教授熊彼特在晚年时曾经说过的话：“在我现在这个年龄看来，人们若只晓得我写了几部著作及发明了一些理论，我认为是不够的。如果没能改变人们的生活，你就不能说你已改变了世界。”作为一名青年学者，王印祥觉得尽管不能以熊彼得的标准来作为他人生成功的标准，但是如果在有生之年，能研制出几个能给人们生活带来影响的药品，也算是有个交代。

正是出于这些考虑，王印祥有了一种让自己的知识造福于民的冲动。他希望看到的，不仅仅是自己的论文在著名期刊的发表，更希望通过自己的努力，让自己的工作可以为中国的普通百姓带来一些实在的价值。

于是，王印祥一脚踏入了创新药物研发领域，凭着知识与勇气开始了漫长又前途未卜的新药开发之旅。耐人寻味的是，当初被认为枯燥的毒理学试验又回到了他的生活中，测试各种药物的毒理反应，他发现以前所学都派上了用场。

小舟起航

说起王印祥的创业经历，也颇有些偶然。

20 世纪 90 年代，肿瘤的药物治疗，仍然以化疗药为主，这些药物的一大特点是，除了能杀死癌细胞，也能杀死正常细胞，因此毒副作用非常明显。因此寻找能杀伤肿瘤细胞而对正常细胞没有影响的药物，是当时学术界和工业界的研发热点。

经过多年的研究，科学家发现慢性骨髓型白血病是罕见的 BCR-ABL 融合蛋白激酶引起的，这个染色体突变早在 1960 年就被发现了，叫作费城染色体突变。20 世纪 80 年代，诺贝尔奖学者巴尔的摩克隆出这个基因。1999 年，王印祥到耶鲁大学做博士后，他的博士后导师就是巴尔的摩的学生。就这样，王印祥跟着导师的项目也投入到了肿瘤和激酶的研究。激酶抑制剂，正是靶向抗肿瘤药研究的起点。

到了 2001 年，诺华制药生产的格列卫获批上市，人类历史上第一个激酶抑制剂、靶向抗肿瘤药开始造福成千上万的患者。

在一次留学生派对上，王印祥与张晓东博士相识。张晓东毕业于兰州大学化学系，后来就读马里兰大学，获医用化学博士学位。在后来的交谈中，他们两人都认为靶向药物开发大有可为，决定一起创业，开发新型的靶向抗癌药（激酶抑制剂）。王印祥负责生物部分开发，张晓东负责化学部分设计。对于一个初创企业来说，寻找资金是一个很大的难题，在美国期间，他们与多位

2013 年，王印祥在钓鱼台凯美纳研讨会上发言。

美国投资人进行接触，希望拿到天使投资，但是收效甚微。后来王印祥与同学丁列明谈起这个项目，没想到很意外的引起了丁列明的强烈兴趣。丁列明也是学医出身，加上与王印祥多年的朋友关系，他决定自己投资这个新药项目的研发。为此，丁列明专程飞到美国与王印祥和张晓东商谈合作细节。2002 年 7 月，三个人在王印祥家中用了一个多星期来筹划整个项目的具体细节，签订的协议非常简单，只有两页纸。2002 年底，丁列明在杭州注册浙江贝达药业有限公司，支持王印祥团队的新药研发。两个月后，王印祥辞去美国的所有职务，回国创业。

逆水行舟

筚路蓝缕，以启山林。回国后，王印祥在中国医学科学院药物研究所租下 30 平方米的试验室，带领 5 人团队开始了艰难的探索。除了他之外，团队中最高的学历就是硕士毕业，还有大专生和中专生。对于一家新药研发机构来说，这样的科研团队配备，想出成果，难度可想而知。一年之后，王印祥终于找到机会把试验室搬到了亦庄开发区，面积扩展到了 150 平方米，团队增加到 9 人。

药物的合成往往需要多步反应才能实现，每一步都需要不同的设备。比如，有的药物中间体合成需要高压氢气环境，由于高压氢气的危险性较大，当时整个北京市都很难找到合适的反应釜，王印祥只好带人到河北廊坊，寻找合适的场地和设备进行生产，并最终合成出合格的试验用药品。

众所周知，新药研发资金投入巨大，同时伴随着失败的高风险。因此在当时，国内的药品企业都以申报、生产仿制药为主。做创新药物研发的公司凤毛麟角，因此当公司向 CFDA 申报盐酸埃克替尼临床批文时，项目评审专家对于项目给予非常高度的评价，其中一位专家不无惊讶地说道：没想到国内竟然还有这样的公司，项目做的非常严谨，很有科研水准。就这样，2006 年 7 月，公司顺利拿到了临床试验批文。

获得临床批文，迈出了成功的第一关，还没来得及庆祝，王印祥马上面临新的难题，他希望 I 期临床试验由一家权威机构来完成，但是对一个名不见经传的小型制药企业，大医院的门槛很高。当打电话联系时，一听说要接洽新药试验，对方不是马上拒绝，就是话没讲完就挂了电话。

有一次，王印祥找到协和医院伦理委员会主任单渊东教授，单教授的回答给他泼了一盆冷水，他们说他们不接不靠谱的小企业的课题。当他试图登门造访时，甚至被当作“医药代表”被拒之门外。但是王印祥没有放弃，他找到单渊东教授的办公室，开门见山：“单老师请您给我 20 分钟时间，介绍一下我们的课题。如果您听完了还是不能接受，我立刻离开。”没想到，这一聊就是一个半小时，单渊东教授听后决定把临床试验报告提交伦理委员会审核。后来，单渊东教授对临床药理中心的主任胡蓓教授说：“贝达那个老总不像一个商人，像个科学家。”

乘风破浪

按照一般的研发流程，药品能够进入临床试验阶段，似乎迈出了成功的一大步。事实上，临床试验的成败才是决定公司生死的关键，这一步对许多制药企业来说，如鲤鱼跃龙门一般，跳过去山高水阔、风光无限；失败了则是前功尽弃、血本无归。

尽管王印祥团队精心设计了试验方案，但是毕竟是探索性试验，一开始，临床试验进行得并不顺利。第一例患者服药 5 天后，从卧床到能做家务，症状得到明显改善。可是，到了第四例患者，服药一周后却出现呼吸困难。临床试验陷入停滞，医院内部甚至有人提出，就不应该接受国内药企的试验，其他的质疑之声随之而起。

虽然面临巨大的压力，王印祥并没有被打乱阵脚，他找到中国工程院院士、中国医学科学院肿瘤医院孙燕教授和石远凯、张力等专家前来会诊。专家认定，该患者呼吸困难因患者其他疾病引起，与测试药物无关。这样临床试验从山重水复到了柳暗花明。

Ⅲ期临床试验，属于需要统计学检验下的药效验证，也是决定药物成败最为关键的部分，因此临床方案的设计就显得尤为重要了。当时团队中有人提出，美国的罗氏制药和阿斯利康制药等国际巨头，在开展同类激酶抑制剂开发时，临床试验均采用安慰剂作为对照，所以凯美纳也可以采用安慰剂对照。

但王印祥却坚持认为，用安慰剂对照不足以显示凯美纳的疗效，并最终决定采用阿斯利康制药生产的同类药物易瑞沙作为对照，与凯美纳进行 III 期临床试验。尽管在纸面上，这种变化在试验方案中只是一些文本的改变，但是实际上，王印祥及研发团队很清楚，他的坚持需要付出代价。

临床试验是新药烧钱阶段，给患者服用的药品全部免费，还要给医院支付费用。400 个患者被分成 AB 组，一组服用进口的易瑞沙，一组服用自主产品凯美纳，病人跟医生都不知道服用的是什么药，直至试验结束才能揭盲。

这样，给病人服用的易瑞沙和凯美纳都需贝达药业无偿提供，易瑞沙每片要 550 元，仅 III 期临床就要 2600 万元，整个三期临床需要 4800 万元。这对于一个还没有一分钱收入的创新企业来说，资金的压力可想而知。而屋漏偏逢连夜雨，正当公司努力寻找风险投资，准备在全国 27 家医院开展临床研究时，一场突然来袭的国际金融危机打乱了王印祥及研发团队的节奏，之前谈好的投资人纷纷表示项目投资暂停。而一旦临床试验终止，前期的所有努力都将付之东流，凯美纳的命运再一次走到了十字路口。

危难之时，地方政府雪中送炭，提供了1500万元资金支持。随后公司大股东分头筹资借款，后期礼来亚洲基金又投入500万美元，加上科技部“863计划”和“十一五”国家科技重大新药专项的支持，总算凑够了所需资金，渡过了难关。

见证奇迹

收获的日子终于到来，2010年5月，凯美纳Ⅲ期临床试验顺利完成，双盲比对研究表明，凯美纳疗效和安全性优于进口药易瑞沙，给药剂量和方案更适合中国人。这是一个激动人心的时刻，揭盲的结果显示，中国终于登上世界抗癌药研究的最高峰！

2011年，孙燕院士代表项目课题组在荷兰世界肺癌大会上做报告，这也是国内自主研发的新药第一次登上国际学术会议的讲台。随后，国际著名医学杂志《柳叶刀》主动邀请课题组撰文，公布凯美纳的临床试验成果。2015年，凯美纳研发项目获得了国家科技进步一等奖。

作为全球第三个、亚洲第一个治疗晚期肺癌的靶向抗癌药，凯美纳自上市以来造福了数以万计的患者。贝达药业自2011年开始，对服药半年后依然有效的患者实施免费赠药。截至2016年上半年，已有十多万病人接受了治疗。

“凯美纳”这个名字取自古希伯来文，意思是“上天的赐予”。对肺癌患者而言，这确实是上天的恩赐。然而，上天从来都是眷顾有准备的人，十年磨一剑，没有王印祥及研发团队锲而不舍的努力，就不会有今天的凯美纳。

2012年，王印祥在贝达药业成立十周年的纪念大会上，写了下面一段话：每一个承载使命感的伟大的商业机构都想在历史的长河中留下自己的丰碑，但我们的丰碑不是耸立在供游人参观的广场，也不是耸立在供后人阅读的历史典籍，而是耸立在每一个精心研究和合成的分子以及凝结着成百上千个科学家、医生和患者心血的一粒粒微小的药片——那是为饱受疾病痛苦的人们带来生命希望之光的火种！

企业家感言

善于整合和利用资源的团队更易成功

公司要在未来跨上几个台阶必须要有宏大的远景。我们的远景是要成为创新药的领先者和致力于人类健康发展的伟大的商业机构。这不是一种单纯商业意义上的竞争，而是要和科学工作者、政府和广大患者一道共同致力于解决人类健康所面临的很多问题。

所以，我们要有一种在未来把公司发展成一个伟大的商业机构的志向，而对于一个伟大的商业机构，必须有坚实的精神支持与学术追求，我们更看重的是我们产品的分量，而不是世俗的名声，而且在专注专业的同时，保留社会责任、人文关怀的趣味与能力。也许这个目标听起来有点儿虚化，但这决定了我们将创建什么样的公司，我们在这儿工作将成为什么样的人。

我们来到这里，是因为我们想在这里树立一种标准，是想和一群有梦想的人共同成长，而这种共同的价值认同将构成我们公司的精神气质——一种怀抱学术追求、致力于优雅的人文关怀理想和在滚滚浮躁的迷雾中能留存一份淡定而坚毅的“精神气质”。一个没有精神气质的公司，也许会成为一个赚钱的公司，但不可能成为一个伟大的商业机构。我们欢迎那些未知的因素、机遇和挑战，我们既要胸怀远景，也需要一步一个脚印，净水深流地工作，笃定不移地耕耘。

范振灿：

贝尔实验室走出的LED实业家

企业家小传

范振灿，1969年出生，1992年从中国科技大学毕业，留学美国；1994年及1998年分获美国马里兰大学物理学理硕士学位、物理、光电子学博士学位；后在世界级的贝尔实验室、北方电讯任研究员、经理及技术导师，从事光电子学研究。在国际刊物上发表15篇论文，拥有3项国际专利。其中，高功率光调整器项目获美国科学技术创新奖。2002年，参与创立美国AZNA公司，担任公司副总裁；2010年回国创立易美芯光（北京）科技有限公司，任法定代表人、董事长及总经理。先后获中关村高端领军人才、中关村十大海归新星、北京市海外高层次人才、北京经济技术开发区海外高层次人才、国家“千人计划”创业人才、科技部科技创新创业人才、高级工程师（教授级）等荣誉。

2012 年，范振灿在易美芯光的亦庄办公室。

❀➢

2005年，西方情人节前两天，美国。

范振灿正在赶往医院的路上，他的第二个孩子即将出生。正巧，自己公司的投资人打来电话："……钱就快用完了……我们不想再继续追加投资……尽快把公司结束吧……"

范振灿深吸了一口气，"我尊重你的决定，但我今天无法同你见面，因为我要去医院。同时，请你再想想这件事。如果想听听我的建议，我们星期一再细谈。"

以后的日子里，范振灿每当旧事重提，语气都略显轻松："我的孩子就要降生了，这总是最重要的事情吧！我要先去医院。"

但在当时，看着布满鲜花充满情人节气氛的街景，惦记着医院里即将诞生的宝贝，担忧着自己与原北方电讯同事一起创立的美国AZNA公司，几种情绪交织在一起，恐怕没人能够说清范振灿的复杂心情。

那时，范振灿还不知道，他最重要的事业不在美国，而在中国。

殊为不易创业路

创立美国AZNA公司是范振灿第一次创业。公司诞生于2002年，范振灿任副总裁，主要从事当时最先进的WDM发射器的研究。经过几年的努力，公司在产品研发和产业化上取得了突破。他们自主开发生产的CML产品，可以大力提升城域网的性能，对光学通信企业有很大的意义。研发出了好的产品，范振灿很有信心，但情人节前投资人的电话大大出乎他的意料。

当时，AZNA公司第一款CML产品就快量产了，投资人却通知范振灿关门。范振灿也第一次意识到，他从来只关心技术，从没考虑过资金的问题，根本不知道账上已经没钱了。

星期一，范振灿来到公司，投资人甚至已经把解聘员工的合同都准备好了。范振灿诚恳地说："我有信心。给我6个月，

范振灿（后中）幸福的一家。

我能卖出产品。我们再融点资金试试。”投资人考虑再三，第二天答应一试，但依然强调：这是最后一点钱。

加拿大的北方电讯公司是范振灿的老东家。创立AZNA之前，他在北方电讯工作了近三年，并成为其光器件部门的技术导师（Technical Advisor）。他深知CML这种性能的产品正是北方电讯和思科这类企业需要的。已是背水一战，范振灿披挂上阵，从技术人员变身销售人员。好在，原本北方电讯就对他们的产品感兴趣，有购买意向。但事实是，范振灿已等不了那么长时间。

于是，每两个星期，范振灿就要坐飞机到北方电讯一次，跟在客户后面，随时解答技术上的种种疑难。最终，过硬的产品赢得了青睐。一个月后，他拿到了第一份订单，只有几万美元；两个月之后，他拿到了第二份订单，几百万美元。AZNA公司活下来了，产品开始供应加拿大北方电讯、美国思科等大公司，而且成为21世纪初互联网泡沫后美国东海岸唯一盈利的创新型光通信器件小公司，2006年实现产值近2000万美元。

作为纯粹的创新型公司，AZNA是成功的，团队依靠技术无中生有，发明了20多项专利；作为首次创业的范振灿，也是成功的，他从实验室里走出来，从单纯的技术研发人才升级成全方位的管理者，完成了自己的转型。

2007年初，在范振灿的主导下，AZNA公司与纳斯达克上市的菲尼萨公司合并。他自己也转任菲尼萨市场部总监，接手负责当时年产超过4000万美元的多个产品线的研发、生产与国际大客户销售服务，积累了丰富的高科技上市公司的管理经验。

即便是现在，也有各种数据正在通过AZNA公司的产品在信息高速路上传输。这让范振灿感觉很好，很欣慰，也很有成就感。

做实业的“大野心”

每当回顾几十年的经历，范振灿都觉得自己顺风顺水，鲜有际遇起伏的惊险时刻。在看似平缓的人生节奏中，他的成就感恰恰来自不断地超越和创新。

范振灿1969年生于福建宁德，1992年从中国科技大学近代物理系毕业后，赴美留学，在美国马里兰大学师从E.ott教授，攻读非线性物理学硕士学位。此时，范振灿做了一个影响一生的重要选择。舍弃了偏重理论研究与数学计算的非线性物理学，师从M.Dagenais教授转攻光电子学专业的博士学位。

范振灿不想当教授。虽然拥有一份教职也是不错的选择，但他更想做一些能够直接影响社会生活的事情。范振灿这样向别人解释自己的选择。他看到很多师兄、前辈将注意力聚焦在实验室里，在十分专业的学术圈子做基础性研究，觉得那并非自己志向所在——那也很好，很有意义，但他不喜欢。

其实，在学术研究方面，范振灿是一把好手。走过了从理论物理、数学计算领域进入光电子领域的学术路径，范振灿的研究为业界做出了重要贡献。其中，高功率光调整器项目更是因为原创性的研究成果最终获得了美国著名的R&D-100奖。这个奖以往都是授予一些大型企业的，作为一个学校的实验室，能够获得这个奖十分难得。1998年，世界知名的贝尔实验室向范振灿敞开了大门。他获得特批进入光电子中心继续从事光电子学方面的研究。由于美国对科研机构的人员实行管制，范振灿由此成为当时光电子中心唯一来自中国内地却没有美国绿卡的科学家。在国际刊物上发表论文15篇，多次受邀发表学术演讲，并拥有3项国际专利。

即便如此，范振灿依然怀抱做实业的“大野心”。每当有人问他为什么要做企业，他都会说他希望能够真正为社会做点什么，做出好的产品，能够影响人们生活……

不久，范振灿到加拿大最大的电信传输设备制造公司北方电讯供职，在这间“百年老店”从事当时最先进的光电子学研究。2000年，北方电讯出资14亿美元收购波士顿Coretek公司，范振灿被挖到这个新部门，并成为北电技术职位最高也是最年轻的技术导师。他领导了包含10名以上博士、硕士组成的研发团队，主持完成10Gb/s可调谐光发射器的研发以及其在光通信应用上的产业化。

但是，让他印象深刻的还是这场收购的“画外音”。Coretek公司只有一些核心技术的知识产权和几个样品，甚至还没有产业化，北方电讯就对其估值14亿美元，这就是核心技术对资本的吸引力！随着范振灿在这条路上越走越远，去创业、做实业的目标也越来越清晰。

回来吧，回中国

第一次创业的成功和AZNA公司在范振灿生命中具有里程碑式的意义。但此后中国北京幸福大厦的几个工位，更是他事业新的开始。

当AZNA公司尘埃落定，当来自中国的消息时不时地撩拨他的神经，范振灿坐不住了。一方面，很多当年的同学回国之后发展很快。1992年与范振灿同年毕业的中国科技大学学生邓中翰，留学归国后在中关村创立中星微电子有限公司，从事集成电路的业务，取得了很大成就，当选为中国工程院院士。同班同学潘建伟，领导一个研究小组几年内就在世界顶级学术刊物发表论文36篇，后来成为中国科学院最年轻的院士。这也说明，国内的发展环境正在发生变化，与美国的差距正在缩短，这给了范振灿信心。

另一方面，志同道合的朋友共谈理想，在中国成就具有原创精神的高科技企业，成为共同的愿景。一开始，他们只是寻找乡情，大家一起聊聊老家，后来发现，并不止于此，大家都希望在中国做更多事情。很多事业，外国认为中国做不起来。但是范振灿和朋友们认为，他们这个海归团队有海外一二十年的学习和工作的积累，能够把技术带回来，成就中国自己的高科技企业。

定下来，就去做。这是范振灿的人生哲学。当他提出要回国的时候，朋友们都觉得，这个是不是跨度太大了？在美国生活了近20年，有优越的社会地位和踏实的生活，回中国再创业？对于这个问题，范振灿没有太多顾虑，回答说，“总是比较、犹豫，那就回不来了。想清楚自己要做什么，才是最重要的。”

范振灿不打无准备之仗。先期市场调研、项目筹备、投资接洽……当他和刘国旭博士等创业伙伴踏上中国的土地，易美芯光（北京）科技有限公司已然构架，专注于LED领域。从奥运会、世博会再到大运会，从景观工程、广告屏、高速公路的指示牌和路灯，到工程用灯、室内室外的照明，人们日常生活中已随处可见LED的应用。易美芯光就是要乘上中国LED行业快速发展的东风。

范振灿在中国的事业开端很简陋，一开始，他们在幸福大厦租了几个工位。但是如今，易美芯光在亦庄占地六七千平方米，深圳还有一万平方米的厂区。公司搬了好几次家呢，搬一次就上一个台阶。未来，还要有自己的产业园，研发、生产、销售一条龙，形成一个大的产业链条。

如同忘不了当初的几个工位，范振灿也忘不了实验室里第一颗亮起的灯珠。那是一颗LED灯珠样品，只有三五毫米大，“啪”

一下亮了，五六个人围着灯珠热切地看着。当时，国内 LED 灯珠的亮度都很低，不到 0.1 瓦，他们是第一个做出 0.5 瓦的。亮度起来，一颗小灯珠就可以用来读书了。范振灿难忘当时的振奋心情。LED 的光本是蓝光，蓝莹莹的，但他们把它变成白光了，透亮透亮的。虽然没有达到最好效果，但是心里很提气。

灯珠亮了，人心亮了，事业也亮了。

范振灿和团队在中国最适合创业的时代回来，就是希望通过他们几十年的技术积累和创新，为国家和社会做点什么，为普通人的生活做点什么。回顾过去几年的历程，他们正在朝着这个目标稳步迈进。

要再上几个台阶

2010 年 7 月，易美芯光（北京）科技有限公司从中关村的实验室走出来，正式落户位于北京亦庄的北京经济技术开发区。

为什么是亦庄？

范振灿认为，亦庄非常国际化，很多留学归国高端人才都青睐这里，也更适应这里。不仅可以做研发，还有高端制造产业化的条件。他们要将易美芯光做成国际化的大企业，从北京出发，从亦庄出发，是进行战略布局的很好开端。

亦庄也是易美芯光发展的“福地”。不到一年，公司已有几个产品实现量产，拥有一批优秀的客户资源，产品卖到海外。在百威啤酒的总部，就亮着易美芯光的 LED 灯。

从亮马桥的几个临时工位，到今天亦庄整洁现代化的生产车间；从小小灯珠发出的第一道白光，到客户的第一台 32 寸样机上线；从最初的一个手工样品，到今天北方地区最大的 LED 生产基地；从默默无闻的小企业，到南方业界口中的“北京高品质 LED 企业”……易美芯光只用了短短几年。

正是经过了这几年，易美芯光开始在 LED 行业发光发亮，不但亮在实验室，亮在中国市场，而且亮在竞争激烈的世界“角逐场”上。易美芯光成为集芯片、封装和应用于一体的知名 LED 企业，拥有北京地区最大的专业型 LED 封装厂。在超高亮度 LED 芯片制造和封装技术上，通过攻克散热以及取光的技术难题，已经成功构建了所有重要的工艺流程，使单个 LED 器件的光量就能够达到一只照明用灯泡的亮度。这也使得易美芯光处于与世界级 LED 公司同等水平的领先地位。易美芯光不仅率先打破国外垄断，为 TCL、长虹、京东方等国产电视品牌提供大尺寸液晶电视的 LED 背光源，成为第一批为大尺寸背光源供货的企业， 而且不断开发新产品，为国内电视厂家开发高色域高性能产品做出了很大贡献。

然而，面对这些，范振灿并不满足。范振灿在公司内部刊物上这样写道：“一个企业要成长，就像登一座山峰。从山脚平地出发，轻轻松松地上一个台阶，略微吃力地上了一大段台阶后，到了一个观赏点。回头一看，哈！已经到了半山腰，奇花异草、密林曲径就在眼前。借着山势，再向上看，重峦叠嶂、蓝天白云还在更远方。越向上，就越险峻。当你攀过悬崖峭壁，双腿打颤几乎走不动的时候，可能曾经遥不可及的山顶，就近在眼前了。”

对范振灿来说，易美芯光需要攀登的险峰还在不远的地方。公司虽然发展很快，但还没有达到他们的预期。目前企业有五六个亿的产值，但范振灿和团队希望是几十个亿的规模，能自主产生很多利润，不断研发新产品，不断进入新领域……

站在 2016 年，回望 2010 年，回中国创业的决定做对了！范振灿有时候会想，如果能早 5 年回来，或者早 3 年回来，事业会不会不一样？能不能赶上中国经济前面 10 年经济高速发展的那班车？会不会早就上了几个台阶？范振灿有些感慨。然而，一切都没有如果，只有踏踏实实的现在。

创新路上，难免遗憾。范振灿希望中国能够形成更加开放、更加支持创新创业的社会氛围，希望这种支持具体体现在融资环境、市场环境中。评价一家企业不只用“是否盈利”这一个简单指标，而要看到其技术含量和创新成果的巨大潜力，资本应更敢于扶持尚未盈利或者微盈利的创新企业，帮助他们走过最艰难的几步，然后让他们大放异彩。易美芯光正走在大放异彩的路上。

除了公司，现在范振灿想得最多的还是家人。他一个人在北京创业，太太陪着一儿一女在美国读书。他每隔两三个月回美国一趟，儿女假期也会来到中国，平时每天一家人都在微信上联系，日子如流水般温和地划过。

如果有人问范振灿，做这么多抉择，依靠的是什么？他会这样回答，“我做决定的依据比较简单。做一些有意义的事情，做力所能及能做的事情，再踏踏实实把事情做好。至于剩下的，都交给机遇吧！”

企业家感言

无限风光在险峰

不论是我本人，还是创业团队以及易美芯光八九百名同事，在这个过程中，都付出了艰辛的努力，克服了很多困难。

企业要发展，人是最重要的因素。从最初的创业团队，到如今近千人的队伍，研发、生产、销售、管理等各个部门都有一大批核心员工不断成长，成为易美芯光的一个个有力支柱。这几年里，有人离开了，有人动摇了，但是更多人一起分享了创业过程中的苦乐，见证了彼此。

小而言之，我希望看到企业里一批年轻人成长起来，能达到或者超过我们当年回国时候的水平，通过培养人才回馈社会。

大而言之，我希望通过企业生产的节能环保的光电产品，为人们生活增光添彩；希望通过企业技术创新的科技成果，为国家实业发展贡献力量。

易美芯光很幸运，我们也很幸运，但我们的脚步不会停止。无限风光在险峰！今后的日子，易美芯光将成为一个更国际化、更有创新能力的企业，在中国的LED业界发亮，光照世界。

沈月雷：做“实验鼠”做出大产业

企业家小传

沈月雷，1992年武汉大学病毒学及分子生物学系本科毕业，1995年获中国药品生物制品检定所硕士学位；2003年获 University of Massachusetts School of Medicine 博士学位；2003-2008年在 New York University School of Medicine 进行博士后研究；2008年在美国发起成立 Biocytogen 生物技术公司；2009年发起成立北京百奥赛图基因生物技术有限公司并任董事长至今；2011年入选北京市第四批“海聚工程”人才；2013年入选国家“千人计划”人才；2014年入选“科技北京百名领军人才”；2014年入选“全国优秀科技工作者”。具有近20年的免疫学、分子生物学和基因敲除类模式动物制备和研究经验。主要从事利用模式小鼠进行自身免疫性疾病致病机理的基础研究。研发出多个基因敲除、基因敲入模式小鼠品系。

2006 年，沈月雷在夏威夷。

做手机是做一件产品，但模式"鼠"也能做成产品吗？

当这个问题萦绕在北京百奥赛图基因生物技术有限公司CEO沈月雷的脑海中时，一个大胆的创业战略布局产生了。而之前所有的积累和挫折，似乎都在为他做这件事情做着准备。

没有大公司工作经历，但却有着宏大的创业目标；断送了"教授梦"，却成为企业家……沈月雷的人生在一波三折中有着一种莫名的坚持。而这一切，源于他对模式动物开发的由衷热爱。

"逼上梁山"的创业者

从武汉大学病毒学及分子生物学系毕业那一年，沈月雷的人生图谱似乎已经规划好：先在国内读研，然后去美国留学，获得博士学位，做一段时间的博士后，留在大学里教书。这条路与他温文尔雅的气场相符，也是他从小到大的理想。然而，事情并没有他想的那么一帆风顺，也正由于坎坷，才有了后面"逼上梁山"的故事。

1992年，沈月雷考入了中国药品生物制品检定所，从事人巨细胞病毒感染早期诊断试剂盒的研制和病毒类疫苗的质检工作。1997年，他奔赴美国，在University of Massachusetts School of Medicine获博士学位后，又于2003年赴New York University School of Medicine/Howard Hughes Medical Institute的Dan Littman

教授实验室进行博士后研究。那时的他，主要从事利用模式小鼠模型进行自身免疫性疾病致病机理的基础研究。

进了大学，读了博士，进了好的实验室……当时的沈月雷单纯地认为，按着这样的路径发展，前途就会一片光明。那时的他就像一辆铁轨上的列车，“一直跑下去”就是宿命。

于是，在做博士后研究的那段日子里，他费尽心血研究了两个关于“基因敲除小鼠”的课题，将整整5年的研究成果凝结成两篇科研价值很高的论文。然而，就在文章准备发表时，他遇到了意想不到的打击。进行同类研究的实验室抢先发表了相关文章，这就意味着他的文章几乎没有再发表的可能。

一直以来的“教授梦”，在一瞬间破灭了。不但如此，由于没有发表文章，他连在美国药企找份好工作都难。无奈之下，他只有考虑另谋出路。

迷茫，一种不知人生何处去的感受席卷着他，日夜难眠，寝食难安。有一次，他想到，如果自己开一家公司，不就可以就业了吗？那么，创业找哪个方向呢？思前想后，他将起步的基点设为自己熟悉的领域：基因敲除。

在免疫学基础研究中，需要基因敲除模式小鼠这样的动物模型。通常用基因敲除技术做出一只符合实验要求的基因改造小鼠，需要一年多的时间。对于很多实验室来说，一是无法掌握这种技术，二是时间成本高，如果做不出来影响后续试验，带来的损失也非常大。可不可以帮助别人做模式小鼠，从中收取一些服务费用呢？这个大胆的念头改变了他的人生轨迹。

“开始创业的时候，特别艰难。”现在的沈月雷显然已经可以平静地说出这句话了，可那时的他却步履维艰。

在美国的时候，他常常去上一个叫MITBBS的网站，找到自己熟悉的生物版块，发布消息。有时候会说说自己想要创业的想法，有时候会提一些问题，希望有人能回复。这些帖子一开始并没有太多人关注，但后来，更令他没有想到的事情发生了——回帖有了，但留言大部分都是讽刺、打击的话，人们似乎对他提出的基因打靶项目并不看好，草根创业在有些人眼中也是一个笑话。

但沈月雷是这么个人：他说了，决定了，就做了。

2008 年 6 月，沈月雷在美国马萨诸塞州发起成立了 Biocytogen 生物技术公司，担任 CEO。短短不到一年时间，他培养的一个免疫细胞因子报告基因模式小鼠，就通过出售使用执照的方式，卖出了 80 多万美元的高价。由于需求准确匹配，世界著名医药企业罗氏、强生、默克和 GSK 都成为他们公司的客户。

踏上第一步成功阶梯，沈月雷开始大胆设想，做出所有细胞因子的报告基因模式小鼠，这需要更多的资金、人员和设备。几经权衡，他最后决定回国寻找机会，将美国公司定位做市场，把公司最为核心的研发部分转移到国内。

温和固执的先行者

2009 年 8 月底，北京。在北五环外的中关村生命科学园里，沈月雷租了两间实验室，招聘了 6 个人，开始了自己的回国创业路。北京百奥赛图基因生物技术有限公司由此诞生。

在他面前有两个现实状况，一是国内市场很大，二是缺乏合适的团队人手。是啊，在当时，基因敲除技术别说在国内，就是在国外也很少有人接触过。

怎么办？沈月雷决定自己一点点起步，培养出一支研发团队来。从最基本的基因敲除原理，到最简单的实验基本操作，再到做大片段克隆，再到设计实验。他开发了一套“方法”，一点点教给大家。

那可能是沈月雷创业以来最艰难的一段时间。因为要带团队，沈月雷把大部分时间放在了中国，美国公司业务几乎全部停滞了。这时美国的股东希望沈月雷能回到美国，尽快分析另外两个在美国做的模式小鼠，以便销售赚钱。但沈月雷认为在中国建立一个基因敲除研发团队更加重要，他对股东说，“我的目标是做一个汽车制造厂，而不是一个卖汽车的商人，所以我必须在国内手把手地教我的团队。”那段时间他们俩几乎天天打电话争吵，就连写邮件时也在吵。直到后来有新的投资进来，他们的争吵才结束。后来再谈起这件事的时候，他们都把它当笑话了。

有了沈月雷的坚持，公司团队在学习中成长，在成长中磨合。到2010年底，团队人数已经从最初的6人扩充到12人。但这时的公司，还没有任何收入，更不要提员工福利了。人才好不容易培养出来了，怎么留住，又成了沈月雷需要面对的难题。

草根创业，沈月雷并没有用什么企业文化教化大家，思前想后，他使出了“温柔一招”。为了能留住员工，沈月雷几乎每天都跟大家一起做饭，并给员工们租宿舍。这样的方式，在初期凝聚了一帮人才。

经过一年多的扎实的前期积累，到2011年4月，百奥赛图在还没有做出一只小鼠样本的情况下，就接到了上海神经研究所一位教授的订单。显然，在中国的第一桶金远不如在美国掘金来得轻松。沈月雷将这个课题当成自己押的宝。公司能不能活下去，就看这个课题是否给力了。这个“宝”押对了，同年年底，公司共收到77个课题。

通常来说，被敲除不同基因的小鼠，能够在人类遗传疾病和药物筛选等方面进行针对性很强的实验，进而达到预防、控制、治疗人类重大疾病的目的。由于传统的转基因小鼠一般是随机的基因插入，所以小鼠的遗传性状往往不稳定，从而影响到实验结果。

沈月雷决定将模式老鼠打造成一个产品，并将自己的企业当作服务型的企业，他首先让团队能够做到通过干细胞重组技术，开发基因剔除和基因嵌入等小鼠模型，使其遗传特征不会在传代过程中改变或丢失。此外，他还开始想方设法优化流程，将每一个实验环节"模块化"，操作标准化。这样一来，所用时间大大减少。通常，实验室中做一只老鼠，用时一年多时间算非常快的。但沈月雷团队从拿到合同到项目完成，仅用了 6 个月 19 天，这样的效率让对方感到非常震惊。

更令人没有想到的是，在一个项目启动后，他或员工会定期用邮件给客户发课题报告。详细的报告精准专业，给用户带来非常好的服务体验。而且，沈月雷还定下一条"规矩"：只要一个项目没有做成功，公司一分钱也不会收，前期投入的时间和成本将由公司承担。把风险留给自己，归责与自己，这种有别于其他企业的操作方式，为他积累起许多忠诚的"回头客"。

如今，整个团队做课题的整体速度几乎达到世界最快水平，从课题开始到完成基本在 7 至 10 个月。之后，沈月雷又带团队花了近 2 年的时间攻破了基因敲除大鼠的新技术，这使百奥赛图真正走在了世界最前沿。

在新的空间精雕细节

很快，百奥赛图度过了最初的"萌芽期"，开始呼唤更大的发展空间。

来自国内外的课题委托服务订单，比沈月雷预想的多得多。公司开始扩大规模，从 4 月初的 10 人发展到 12 月的 30 多人。那时候，实验室只有 120 平方米，里面挤满了实验器材，另一间

20平方米的小屋勉强做办公室兼库房——条件非常简陋。沈月雷将那时的办公环境比作“杂物间”，很多专家都不敢相信，小鼠基因敲除技术的研发，竟是在这里完成的。

然而，区区100余平方米的“基地”，承载得下研发人员的汗水，却承载不动纷至沓来的订单和科研范围扩展的压力。如此的办公和科研环境下，企业要想获得更大的发展，无异于天方夜谭。

沈月雷正为办公地点发愁的时候，刚刚落成的北京亦庄生物医药园向他抛来了橄榄枝。作为首批入驻北京亦庄生物医药园的28家企业之一，园区将整整一层楼的实验办公区交到沈月雷手中。2011年12月，沈月雷的“百奥赛图”正式迁到北京经济技术开发区，实验室从120平方米变成2000平方米，条件大大改善，而且园区为他减免了一半的房租。

更令沈月雷珍视的是，生物医药园提供的不仅是更宽敞的产业发展空间，还为大大小小的生物药企建起公共服务平台。有些大型仪器设备，虽然并不常用，但研发和制药的科研单位和企业每年都必须用那么几次，不可或缺。大型离心机、流式细胞分析仪等，每台成本要几十万甚至几百万，不可能每家公司都能负担。医药园把这些大型仪器放在公共服务平台上，企业就可以节省这一部分成本。沈月雷时常感慨，在美国，几乎没有生物医药企业能享受这样的待遇。

有了新的发展空间，沈月雷和他的团队对工作细节的要求更有余力精益求精，这体现在实验过程的方方面面。

刚搬到亦庄的时候，有两件事情对沈月雷触动较大。

一是实验室用过的枪头，有时会把垃圾袋扎破。部分实验人员在将垃圾带到垃圾桶的时候，试剂废液经常流到楼道里。他于是立下规矩，以后谁要是不注意实验废料的处理，就去帮保洁员收拾。一个人学历有高低，人格无高低，都要平等对待。

另外一次，一位员工在实验前没有盖好离心机转子的盖子，造成了仪器的损坏。一台一体离心机的售价十几万元，这让员工感觉自己犯了大错误，一时又无法赔偿，心理压力非常大。而沈月雷知道后并没有生气，在他看来，没出事就是最大的万幸。离心机坏了就坏了，只能说明公司在仪器使用的培训上存在短板。于是，他借此机会启动了一系列公司培训，将人们眼中的坏事变成了好事。

就这样，前进的每一步，或是坎坷，或是台阶，都让从实验室走出的这位企业家，更加成熟、从容。

8年过去了，因为百奥赛图的出现，中国模式动物产业有了很大进步。生物医药的研究必须依靠三种材料的支撑，即仪器设备、耗材试剂和模式动物。当今中国的各大实验室里，这三种基本材料几乎都依靠国外进口，这就意味着中国生物医药的绝大部分科研经费都被外国公司赚取。而沈月雷正在努力弥补中国模式动物的缺口。

善于感悟的企业家

光阴似箭，如今的沈月雷鬓角已经生出了白发，但他的心却依然年轻。当他想做一件事情的时候，只关注做得好或是不好。当他不想做一件事情的时候，也不会去想别人做得怎样。他想要像自己的偶像乔布斯和任正非那样，在模式生物领域做出产品，做出匠心来。

除了担任好"科学家"，沈月雷也必须学会扮演"企业家"的角色，将整个企业的发展责任扛在肩上，谨慎地观察未来的方向。

2015年，沈月雷在百奥赛图实验室做实验。

这几年，他逼着自己学会“Be aggressive”，认为这是做老板不得不的选择。虽然在很多方面老板和高管及团队的目标是一致的，但是，也一定有完全不同的想法。

不久前沈月雷跟一个朋友聊天，朋友不理解自己的老板为什么要不断扩大公司业务，为什么老板说最关心的是自己的几百名员工。沈月雷的回答是，一个公司破产了，高管还可以在别的地方做高管，而老板则是倾家荡产。这就是不同。企业家就是要一直在稳定和冒险中寻求平衡。

跟投资人谈的时候，他们最常问的一个问题是如何保持企业的竞争力，技术壁垒在哪里？但这却是沈月雷最不想谈的一个话题。技术在不断进步，一个企业只有不断学习，不断更新技术，才不至于被新技术落下。而创业团队又哪有什么真正的技术壁垒呢？技术发展很快，即使有壁垒又能抵挡多长时间呢？

一个企业能否做好，归根结底，还要看团队的执行力。“团队就是壁垒”，也就是“找到一群愿意在某个方向上一起走到目标的人”。很多企业做不起来，是因为团队没有包容力。遇到困难，有人会逃走；遇到成绩，又会互相争夺，不想再招人来摘果子。领头羊不想冒险，不想冲锋陷阵的话，企业基本就是原地踏步了。

也经常有人问沈月雷怎么管理公司，这同样是他最不愿意回答的问题之一。实际上，他从来没有学过管理，偶尔看看管理方面的书籍也会看得云里雾里。公司发展的某一段时间，他也曾经实践过自己去管理，发现管哪里哪里就乱。于是他意识到他实际上还是一个科学家，不是一个管理者。当然，他认为自己非常知趣地尽量就管理问题少发言或不发言。根据他朴素的想法，其实很简单：小公司不需要管理，发展就是最好的管理；公司做大需要管理了，团队中有管理才能的人才也已经冒出来了。

面对当下风风火火的互联网创业，沈月雷并不跟风。他认为，生物医药企业的研发短则 2 个月到 3 个月，长则几年的时间，一个新药开发甚至会长达 10 年时间，发展不是一阵风，而是有严谨的规律。他的节奏是，认真做好每一步，只有坚持，最后才会有收获。

站在已经取得的成绩单上，沈月雷还有一个更大的梦想，就是成为一家立足中国，服务世界的模式动物及药物研发服务供应商，推动生物科研和制药行业的整体发展。

这个梦想很大，也很远，但沈月雷正在一步步向它靠近。

企业家感言

实现自身价值先要成就别人

8年的磕磕绊绊，给我带来了许多感悟和学习的机会。我认为，公司要发展，首先要选对方向，其次是有坚强的团队。

什么叫正确的方向？大势所趋的方向里百舸争流，其实也是蛮挤的，一不小心就会被别的船挤翻。最好是找那些还不是很热的方向先做起来，活下来还锻炼队伍。

什么是坚强的团队？就是有一批团队精神、执行力和学习能力的好员工、好伙伴。一个团队如果没有执行力，就不可能有战斗力，企业练内功就是要练执行力。这有点像搞体育，大赛之前总要不断训练。学习能力同样重要。科技发展日新月异，在一个科技公司里，谁也不能靠"一招鲜"来支撑自己的职业发展。每个人都要不断学习，不断掌握新技术新知识。

做企业属于团队作战，团队精神是第一位的。每个人要想实现自己的价值，首先要成就别人，成就同事，成就公司。这样，在团队作战中，才不会掉链子。在自己不掉链子的同时，还要保证队友不掉链子。最终取得属于团队，也属于自己的成功。

赵磊：
让医疗利器不再是纸上课题

企业家小传

赵磊，清华大学生物医学工程和电子工程学双学士，美国波士顿大学和哈佛大学联合培养生物医学工程博士，曾获国务院侨办杰出创业奖、北京经济技术开发区海外高层次人才、中关村高端领军人才、北京市“海聚工程”高层次人才和国家“千人计划”特聘专家等荣誉称号。在数字医疗影像、分子影像、精准早期筛查及精准诊疗技术等领域开展广泛研究。曾任教于哈佛大学医学院，并任哈佛附属BMW医院研究员，后创办多家高端医疗设备企业。发表国际学术论文百余篇，学术著作6部，国内外专利20余项，在生物医学工程领域具有很高的学术地位。2011年创办新博医疗技术有限公司，致力于高端创新医疗设备的研发、生产和经营。

2012 年的赵磊。

赵磊的手中有张“地图”：学习哈佛的先进技术，开发国产医疗“导航”系统，帮助医师更早更准确地找到病灶及时救治，从而减轻患者和家庭的痛苦。

赵磊心中有张“地图”：将新博医疗公司做上规模，相对稳定后把它打造成为行业领先的创新医药技术平台。

赵磊身边还有张“地图”：亦庄“十三五”医药产业规划，让他更加坚定了在这片“厚土”上“深耕”，致力于将肿瘤早期诊断及微创精准诊疗技术推向世界的信心。

三张“地图”指引着他在创业路上一路前行，渡过激流险滩，迈跃高峰低谷，不停歇。

去高端学府学尖端技术

考入清华大学生物医学工程专业，对赵磊来说并不是偶然。在做医生的舅舅的影响和支持下，他从小就对医学产生了浓厚的兴趣。而相比做医生用一场场手术救治病人，他更希望能通过研发新技术救助更多的人。

大学期间，他在读本专业的同时还读了电子工程学专业。通过掌握精密医疗器械的系统设计方法，设计开发医疗器械来造福患者的梦想，离他越来越近了。

在大学生涯的最后一年里，他承担了一个课题，一个至今提起仍能令他神采飞扬的课题。那时，他花了整整一年吃住在宣武医院的医工室，和那些电路系统、单板机打交道，最终为医院开发出一整套网络自动收费系统。

要知道，当时国内连互联网技术还没有开始兴起和普及。这套医院系统无论从理念到应用无疑都是超前的。这个课题最终也成了当年清华大学优秀毕业论文。

1991年，大学毕业，怀揣技术的赵磊只身一人来到深圳闯荡。他先是进入一家医疗设备公司负责医疗设备的技术开发的工作。虽然这个工作已经是众人口中收入高、有前景的好工作，但他心里总觉得哪儿不够。两年多后，为了沿着医疗器械这个方向继续走下去，他考入了哈佛与波士顿大学联合培养博士求学深造。

清华学子到哈佛，一样遇到“下马威”。赵磊感触最深的，是不同背景的学生在思维理念上的区别。在那里，他身上原有的万事俱备才开始动手的习惯被彻底打破。记得一次，导师告诉大家他想要的成果，让同学们自己去找解决方案。还在犹豫如何找到书本知识加以运用的赵磊，忽然发现旁边的美国同学已经开始动手做了，并在做的过程中进行修改和调整，不但没走大弯路，还很快就得到导师想要的结果。原来还可以这样！虽然当时“执行力”这个词还没有现在这样流行，但赵磊在惊讶之余一下子打开了思路，动手能力也在一次次敢做中得到提升。

还有一次，赵磊在实验结束后整理数据发表他的论文，这也是他第一次用英文发表论文。非常紧张的他还遇到导师近乎严苛的要求，一字字地抠，一行行地改。当文章发表在业内著名期刊《磁共振影像》上后，他感觉自己像被扒了一层皮。但也就从那次开始，他的英文表述就再也没有犯过怵。

辛苦打磨基本功，敢做敢讲有创意，潜移默化中养成的习惯，冥冥中也为他之后创业打下了厚实的“功底”。

赵磊拿到了哈佛大学与波士顿大学联合培养生物医学工程学博士学位、哈佛大学医学院博士后，之后还在哈佛医学院任教多年。他带领团队先后开发了多种高端影像技术、精准手术导航技术及医疗信息系统技术，均处于国际相关技术领域的最前沿。

在哈佛医学院时，赵磊发现他们所研究的多项技术，很多会被应用于GE（美国通用电气公司）的医疗影像设备上，再通过渠道销售到全球。而当时，国内医疗设备的大部分市场都由外国企业垄断并获取高额利润，很难看到国产设备的身影。为了打破这种垄断格局，打造医疗器械领域的民族品牌“中国造”，赵磊毅然决定回国创业。

从高大上到接地气

2011年6月，赵磊双脚踏在了北京经济技术开发区的土地上，豪情万丈，心中充满了夏日阳光。在开发区领导的鼎力支持下，他创办了新博医疗技术有限公司。

赵磊心里明白，这一次他所要做的事，与之前的研究、课题都有所不同。那些在清华和哈佛医学院积累的经验，更多偏向基础研发，并不能形成系统的临床应用产品。创业，就是要从零开始搭建一个平台，同时运营一个公司，是对事务整体把握能力的一次空前考验。做好了这些心理准备，他开始边做边学，快速创新和迭代。

在创业初期，赵磊和他的团队也是蛮拼的。他们为了研发吃住在单位都算家常便饭，有时为了项目赶工，还会连续加班几天几夜。幸运的是，在大伙儿的拼搏协作下，他们把想法变为了现实。第一代产品相对顺利地研发出来。大家沉浸在无比兴奋与喜悦中，赵磊也被这种欣喜所包围。但他没想到，真正的困难才刚刚开始。

赵磊是科学家型的创业者，他能力强到可以主持研发、管理团队、与业内人士学术交流，但是，面对还没有充分认知设备价值的市场，他还必须学会和各式各样的人打交道。是的，即便是公司负责人一把手，他也要“接地气”做出表率，带领大家冲在一线开拓业务。

他至今仍清楚地记得，推介第一个产品碰到的第一位潜在客户，是一位院长。那天，双方本来约好早上 8 点碰面商谈，不料等他到达后，院长说有个会议需要参加，让他先等一下。赵磊就耐心地等在院长办公室的门口，看着进进出出一拨又一拨的接待活动。直到中午 12 点，院长出来了，告诉他要先去吃饭。等到下午他再去找的时候，院长又去外面开会了，到晚上也没有回来。于是，相约的时间又推到了第二天。创业一路走来，类似的事情他遇到过许多次，但也正是这样的事情，一次次考验他的耐心、细心，还磨炼出他百折不挠的强大意志。最终，那位院长和他见面沟通后，不但相谈甚欢，签约后还请他吃饭，成了他的长期客户。

“接地气”还体现在技术的“落地”上。研发初期，团队开发设备所用技术都处于国际最前沿的水平，他们想当然地认为，具备尖端技术的产品能在市场上亮个好彩头，卖个好价钱。技术越用越新，成本也越来越高。可是，在实验室里设计出来的产品，能不能获得市场认可，能不能匹配市场的真实需求，却不是拍个脑袋想想那么简单。那段时间里，由于设计初衷和用户反馈总处于拧巴的状态，公司的市场销售受到了直接影响。

吃了亏，赵磊决定迅速做出调整，按照市场需求进行调整。这才使得后续开发的设备没有“因小失大”而被埋没。此后，在技术创新和市场需求这两者的轻重把握上，赵磊一直努力而又小心地寻找着平衡。每一次开发新产品前，他都要先找到目标客户，再反复做几轮调研，和客户反复沟通，了解其真实的需求，再动手开发。

就这样一点点打拼，一点点开拓。在他的带领下，新博医疗公司在几年间先后推出超声光子漫散射早期乳腺癌检测系统、基于磁共振和CT等影像技术及光学和电磁跟踪技术的微创导航精准诊疗平台等高新技术产品。迄今，公司拥有国内外发明专利数十项，多款产品获得科技成果鉴定国际领先的称号，并获得国家多项技术创新奖及多项国家基金的支持。所开发产品大多为国内甚至国际市场上的创新医疗器械并实现了产业化，大多数产品已经相继获得了国家CFDA认证和欧洲CE认证等多国或地区的认证或销售许可，产品已经销往全球多个国家和地区。

目前，新博医疗已与哈佛大学、约翰霍普金斯大学、康州大学、美国国家图像导航治疗中心、中国科学院、清华大学、中国人民解放军总医院、北京协和医院、天津肿瘤医院、中山肿瘤医院及中国肿瘤微创治疗技术创新战略联盟等国内外知名学府与著名机构建立了密切合作伙伴关系，这种合作保障了公司不断地技术创新及医疗产品快速产业化推进。2012年9月，在他的带领下，新博医疗研发的手术导航系统成功在哈佛医学院手术室装机，产品被国际上最先进的AMIGO手术室所接受，带动了我国医疗器械行业的大幅发展。

大道至简在初心

创业路上，赵磊最真实的感受就是困难多。尤其是对新博医疗这样还在成长期的公司来说，一个小坑就有可能动到根本。守住初心，撑住打击，越过无数沟坑坡槽的他，回首前路还会调侃：那些以前觉得挺大的事儿，现在看来也没什么呢。而他的初心，还是以己之力，救助更多的人。

一次偶然的机会，赵磊接触到中国妇幼保健协会，了解到我国乳癌发病率的不断提高，需要社会各方都能参与乳癌防治工作。他觉得，这事他能做，能帮上忙。这次义不容辞，竟让他开辟出了一个新的市场。

原来，目前美国等西方国家在乳腺癌的筛查中使用的是 X 光机，筛查对象是 50 岁以上的女士。但在中国，妇女发病率一般在 45 至 50 岁，而且由于东方妇女乳腺相对致密，透视性效果不好，所以 X 光技术的筛查率并不高。

而在国内使用的超声乳腺癌检测方法，便宜、操作方便等优势，但由于技术本身的局限性，对乳癌早期检出率只有 10%。但事实上，农村妇女乳腺癌的死亡率高达 30%。城市也在 20% 左右。

赵磊心中明白乳腺癌筛查的重大意义，由于环境、压力等原因，这些年国内妇女乳腺癌的发病率非常高。但如果乳腺癌能在早期被发现，5 年存活率几乎是 100%。这意味着，越早查出，越能挽救一个生命甚至是一个家庭的幸福。

发明一种操作更为有效的医疗检测方法，是多么有必要！赵磊想到了光散射断层成像技术。

超声检测的是结构，但在乳腺癌病灶小的时候，这些结构不够典型，常常无法看出内部好坏，而造成失误的判断。而光散射断层成像技术，可以通过检测血供来发现机体的异常。因为真正的癌细胞需要大量的养分支持它的“疯长”，所以会聚集血管生长因子，在它的周边就会出现血供异常。通常当肿瘤在两个毫米时，周围一个厘米范围都有血供异常的可能，光散射断层成像技术就能早期检测到这种功能异常，可弥补超声方法的不足。

如果能将这两种方法结合使用，就可以帮助医生更好地做出早期诊断。而这种技术的结合，正是赵磊的强项。能施展拳脚，又能治病救人，赵磊觉得，这事情不但可以做，而且义不容辞。

由于我国乳腺癌检测的需求层和薄弱层多在县级医院，他这个哈佛回国的博士高才生，也开始弯下腰跑县城了解用户需求了。起初，他们想在设备中继续引入三维图像处理等应用，增添设备使用的灵活性，但调研后发现，县医院的一线操作对于复杂的按键、界面并不能适应，对方最需要的恰恰是一键式“简单”解决方案。于是，他们化繁为简，将高科技的复杂隐藏到简洁的界面背后，使其智能化水平又跃升了一个层次。

由于是操作便捷、准确性高，在多个指标上都优于现有技术，新博医疗的乳光超产品在2015年被中国妇幼保健协会推荐作为我国乳癌筛查的新方法，并推荐纳入国家乳癌筛查规范。新博医疗的手术导航系统也被纳入国家微天使项目产品目录。

辛苦操劳有了成果，赵磊感到非常欣慰。

心中理想的“地图”已经走了小半，但前路还很长呢。这一路虽然有风有雨，但还好有亲人和朋友们的陪伴和体谅。准备创业时，在国外拿高薪的妻子义无反顾地辞职和他一起回国，一起读书的“八大金刚”一起归来时的豪情，至今都令他非常感动。

这些感动，也成为他坚持奋斗的动力。

回国创业后，人生地不熟的情况下，亦庄开发区也给予了细致入微的关怀。缺钱少地，开发区帮助安排办公，还提供房租补贴；缺人才，开发区就提供落户名额，解决高端人才户口落地的问题；缺项目，开发区会记在心上总想着帮他对接；遇到事儿，招商局、科技局、社发局等都会来帮助协调。赵磊觉得，暖心。

开发、开会、跑市场……身兼数职的赵磊，现在每天仍保持着很快的节奏，出差也成为家常便饭。但他仍然专门留出时间，参与亦庄“十三五”生物医药产业规划的讨论会。他说，这是张更大的“地图”，将由开发区里不同领域上下游的医药企业共同携手绘就，虽然能力有限，但也要用点点滴滴去回报那些曾经给予他帮助的人。

企业家感言

不是越高精尖的技术越有市场

我是科学家创业，说起创业感受，最重要的一点就是做产品一定要考虑客户的需求，以市场为导向。因为很多时候，并不是越高精尖的技术就越有市场，如果完全以技术为中心，考虑产品多丰富、性能多高，但与临床需求不搭，还是不会有市场。搞科研的创业，不能总想着“高大上”，还要“接地气”，关键在于能不能用高科技解决客户需要解决的问题。企业有产品能卖出去，才能保持现金流相对稳定。创业要抓住企业经营这个重点，最重要的是先活下去，再保存和积累实力。行胜于言，上手练了才知道。

黄予良：好药属于能跑马拉松的人

企业家小传

黄予良，1962年出生，1984年及1987年分获华东理工大学生物化学工程学士及硕士学位；1995年获新加坡国立大学化学工程博士；先后任健能隆医药技术（上海）有限公司和北京龙兴生物医药有限公司的总经理（CEO）、法定代表人；现任亿帆药业股份有限公司副总裁。曾受聘为国家“863”专家评委，上海市科委受聘专家，及上海市浦东专家库成员。拥有近50项专利和发表35篇国际学术期刊学术论文。从事重组蛋白药物开发20年。

参与过SFDA法规审订和药物评审，并全程参与首次将中国CGMP厂生产的重组蛋白药物成功申报美国FDA的三期临床。负责过8个新药注册申报。2014年入选国家“千人计划”创业长期类人才。

黄子良面对困难总是保持着微笑的心态。

黄予良喜欢“跑马”。

“马”不是真的马，而是马拉松。

这样一位创新生物医药公司的创始人、新加坡国立大学化学工程博士、生物创新药研究领域的专家，在四十五六岁的年纪开始“跑马”，训练乃至参赛，个中缘由引人探究。

黄予良1962年出生，正式“跑马”的时候，正是他与创业伙伴共同创办健能隆医药技术(上海)有限公司的第三年，如今备受业内期待的创新生物药贝格司亭（F-627)和普罗纳亭（F-652）那时尚未进入临床研究，黄予良与他的创业团队在生物医药领域的创新创业之路也刚刚“跑”了个开头。

“制药如同‘跑马’，要耐得住寂寞。”黄予良多次提到，马拉松训练时，一个人绕着操场跑，一跑就是四五十圈，再累也要坚信这对最后达成目标是有用的。

制药也是一样，黄予良每天都在坚持做，虽然不期望会出现爆发式的进展和革命性的突破。但就是这一点一滴的积累对最后的结果都是有用的，他坚信这一点。

熬过“18公里之后”

黄予良“跑马”一般是“半马”，全长21公里，但最难熬的时点是在跑了18公里以后。

“就是一个字，熬！虽然你有100个理由可以让自己放弃，让自己停下来。”黄予良认为最后这3公里，熬过去就过去了，熬不过去那就前功尽弃。

2014年，对黄予良及其团队的生物医药事业来说，也到了“18公里之后”的关键阶段。那是龙兴生物医药有限公司母公司——健能隆生物医药公司成立十周年，也是健能隆创办的十周年。来自全球顶尖的肿瘤、免疫、肝病及血液病专家和临床学者以及国内生物药行业的科学家们共聚北京经济技术开发区，就公司自主研发的贝格司亭（F-627)的全球二期临床完成以及全球首创生物药普罗纳亭（F-652）美国临床的启动，展开热烈讨论。

能使研发的新药完成全球二期临床研究，并得到满意结果，对任何一家新药研发公司来说，都是令人欢欣鼓舞的事情，这也恰好符合健能隆当初创业时对10年之后的规划预期。

当时摆在他们面前的选择：是继续做贝格司亭三期临床研

2012年，黄予良在办公室。

究，直至产业化，还是较为稳妥地将已有成果转让。选择前者，意味着还需大笔资金的持续投入和今后所有风险的一力承担；选择后者，能够尽快得到研发收益，但新药未来可能创造的惊人价值也将拱手于人。

两条路怎么选？这是个问题。要知道他们创业时，只想把新药做到全球二期临床就很不错了。做到三期？他们当时真的不敢想。这不仅是十几年的时间投入，还需要近一亿美元的资金，他们怎么敢想啊？！

对贝格司亭这款新药的效用和未来，专家们十分看好，不断询问黄予良和他的团队，你们是对新药成果没有信心？还是没有足够的资金支撑往下冲？实际上，所有人也在思考一个更加重要的问题，健能隆是否具有更为远大的发展视野，是满足于做一家单纯的研发公司，还是志在成为一家有全球影响力的、真正的生物制药公司。

鲤鱼志在跃龙门，能否跃过这道“龙门”，他们必须要试试。于是，他们做了大量工作，对三期临床研究评估，团队和投资者认为接下来的经费投入并非不可承受，他们没有理由就此放弃。于是，贝格司亭挺进全球三期临床。

这就如同跑“半马”，到了 18 公里，是二期临床，咬紧牙关拼一口气，他们就能跑完 21 公里，就有可能拿到证书。黄予良不会忘记自己的团队和投资者，他从内心里感谢股东和团队成员的决心，因为投资者愿意承担这样的风险，就说明对团队的能力和已有成果有信心。

全球首创生物药普罗纳亭（F-652）也是黄予良和团队的“心头好”，最初创业，他与同样来自美国的资深生物药物研究专家共同“搭台”就是基于这个项目。

普罗纳亭是全新的药物，从靶点到作用机制等基础研究开始，就是他们在做。他们把家里的钱都拿出来，从创业第一天开始就做这个项目。遇到最关键的资金瓶颈的时候，为了启动国际的临床，他们甚至把房子也都抵押过，换取银行的贷款。

对普罗纳亭来说，那也是艰难的“18 公里之后”。做新药，时间是最关键的。如果能够早一个月上市，不但决定了公司未来的收益，也将直接决定公司的市场地位，是全球唯一，还是全球几个之一。黄予良深知这个道理，所以他们不能因为不断地商务谈判和融资，影响新药投向临床的时间窗口。

幸运的是，最后 3 公里，他们坚持下来了。看到主创团队的强大信心，投资者也拿出了真金白银。如今，普罗纳亭在美国已经进入一期至二期临床阶段，并都是与全球最著名的临床研究医院合作，前景一片光明。黄予良和他的团队也正在由“半马”跑向“全马”。

要登上更高的山峰

一开始，黄予良只是喜欢长跑。1999 年刚刚从加州被派到国内工作，频繁往来于中美之间，热爱运动的他首先想到，自己需要过硬的好身板。他选择了住处附近的一座公园，跑一圈 5 公里，一周通常跑三次，一跑就是许多年。

最开始，他是围绕公园跑步的人群中年轻的一个，那时都是老年人在晨练，他们更关注健康。现在不一样了，老年人开始打拳、唱歌，而年轻人开始跑步了，他又变成圈子里年老的一个。

善于坚持，是黄予良个性中鲜明的一点；勇于挑战，也是他人性中的特色。参赛马拉松，是他跑着跑着，就给自己寻找的一项挑战。上海国际马拉松赛，黄予良连跑了三年“半马”，还隔洋陪女儿跑了一次美国旧金山的“半马”。

勇于挑战，不仅体现在“跑马”上。无论是追求学业、选择事业，还是经营企业，黄予良都希望能超越过去，达到新的目的。

在2004年与伙伴共同创业之前，黄予良已经在中国工作了5年。1999年，他作为核心团队的一员在医进生物医药（北京）有限公司任总经理，成功将美国两个研发阶段的项目在中国落地，并且在短短的3年时间内，拿到了药证，在他的人生中写下了浓墨重彩的一笔。

这个经历对他来说太重要了，那种成就感，太棒了！黄予良原来将自己定位成一个工艺工程师，没想到这段经历让他知道如何将实验室的项目，变成产品，真正上市，治病救人。他经历

2012年，黄予良（左后）一家在美国圣地亚哥拍摄的全家福。

了这个全过程，再让他回到实验室里、回到大学里，他是不会再有太大的工作热情的，他不会这么快乐。

在“会当凌绝顶”之后，结束了以前的公司的工作，黄予良没有回到科研人员擅长的领域，开始了全新旅程。2001 年到 2004 年，他做了 3 年香港上市公司的管理层的技术主管，负责公司的收购与合并，还兼任了旗下公司的总经理，管理 200 多人。这个经历对他来说很有意思，也十分重要。黄予良认为这段生活让他弄懂了项目应该如何跟资本市场对接，学会了看“三张报表”，包括到医院参与招投标、卖药……他都不再陌生。3 年实践，用做企业的思维看企业、看市场、看发展，让黄予良终于找到了自己的另外“半圆”，与他科技研发的“半圆”合在一起，成了今天的黄予良。他这么评价自己：有些潜质，乐在其中。最重要的是，他觉得为他接下来的创业做了一定准备。

2004 年，黄予良和其创业伙伴走到了一起，基于普罗纳亭（F-652）项目开始创业。两人在专业上的互补优势明显。他们均有些做事的韧劲，比如他们都曾经“跑马”。随着熟悉全球药物政策法规的临床专家加入，他们组成了核心团队共同推动公司向前跑。

当时，中国的生物医药工业处于早期模仿国外产品的阶段，几乎没有创新药物研发的企业。监管部门也刚刚开始建立系统的药品审评和批准流程，包括引入 GMP 的概念等。资本市场对新药研究的兴趣也比较弱，如 VC、PE 的投资是鲜有的。在这种条件下，他们抛弃仿制药，直接将公司定位在创新药上。一方面，这源于创业者在行业内的精深经验，他们相信自己有这个能力；另一方面，勇于挑战的斗志也在发挥作用。

我们将做企业比喻成爬山。山有不同的山，有的山海拔五六十米，人人都能爬，上去一看全是人。他们选择的不是每个人都能爬的山，相信到了山顶人不会多，自豪感和成就感也不一样。竞争的优势才会体现出来。在黄予良心里，不论处于什么阶段，他们都需要一个目标、一座尚未征服的山。

2014 年，公司面临重大项目抉择的时候，也是他们创业完成两个 5 年计划的时候。第一个 5 年，要建立起一家生物医药企业发展的主要专利基础，他们做到了，现在已经申报了近 100 多个专利，近半数得到授权；第二个 5 年，要把一到两个产品做到全球临床，他们也做到了，贝格司亭(F-627)的临床研究备受关注。

2014 年，他们又续写出了第三个 5 年计划，希望有产品能够在全球市场上销售，患者能够真正受益，同时公司也具备进入资本市场的条件。

新的目标已经确定，那座山峰就在面前，他们也期待登上新的“山顶”。

只选择最想走的路

黄予良今年 54 岁，中国、德国、美国、新加坡四个国家分享着他的人生，学业、事业亦波折，在新药研发行业前行更是不易。但在黄予良看来，人生中没有什么念念不忘的高潮与低谷，只有困难当头迎难而上的决绝，问题在解决之后便抛至身后。他真正在意的是家人的态度。黄予良每当想起小女儿那几年对他的质疑，都让他感到很大压力。

黄予良的太太和两个女儿都在美国生活，他自己在中国创业。十几年，一直是中美两地兼顾。1999 年在中国工作时，大女儿上五年级，小女儿还在幼儿园，黄予良尽量安排每年回家 6 到 8 次，每次停留一至两个星期。他回家只有三个任务，一是陪孩子们玩，二是晚餐时提供有趣的故事，三是带着她们一起运动。

时光如水，在黄予良的奔波中，孩子们长大了。小女儿上高中那几年，对父亲的长期在外，很是不理解。她经常质疑爸爸的选择，问他，为什么要到处跑、不留在家里？为了追求经济利益，有没有这个必要？朋友的父母都没有他这么勤奋，他们过得不也很好？黄予良也感慨，已经十几年没有回家过感恩节了，在美国那是很重要的节日，女儿看到朋友一家团聚过节，唯独自己的爸爸不在，心里有想法，那是可以理解的。

生长于两个国家的两代人，总会有些想法难以沟通。孩子很难理解他的经历。黄予良坚持认为他们这一代，没有那么多路可以选，每一个机会都那么宝贵，不容错失……

1980年，黄予良参加高考，考上了华东理工大学生物工程专业，恢复高考不久的上海，100个考生里只有4个人能上大学。大学毕业后，黄予良不愿被分配工作，执着地报考研究生，参与百里挑一地竞争，继续攻读生物工程硕士。硕士毕业后，导师推荐他到德国最好的生物技术研究所，早期就接触了现代生物技术和重组蛋白生产工艺的研究，随后他又在新加坡获得化学工程博士学位，接着又辗转到美国大学当博士后研究员……

在每一个转折点上，机会都只有一次，他只能全力以赴地往前冲。他经常教育女儿——你现在对世界充满了想象力，想研究造福全人类的大问题，爸爸上学的时候没有这么多想法，就是好不容易进了大学，要好好学习，就这么简单。

还有更多的心里话，黄予良可能没对女儿说。为了抓住一次次难得的机会，连去分辨自己是否喜欢都是种奢侈，必须做好当下。于是，当他发现了一条自己真正喜欢的路，那种吸引力无法抗拒。

“看到我们的药临床应用，患者用了有效果，我真的是欣慰，那种欢愉无法表达。之前一切一切的付出，这才是真正的回报。”

这是挂在黄予良嘴边的一句话。也正是找到了一条真正想走的路，在1999年那个让“海归们”充满各种机会的年代，他依然坚持制药和新药研发这个“马拉松赛道”。当时一些朋友回国寻找机会，有的买一块地做房地产商，有的做进出口贸易也很赚钱，但他却只走了这么一条路，而且要一直走下去。

如今，小女儿在加州大学伯克利分校即将完成学业，偶然间父女俩又一次谈到这个话题，女儿的话令黄予良心头舒展。女儿觉得他四处奔波的那段经历还是很充实、有趣的。她说，过去十几年跟着他到处跑，也听了很多故事，觉得自己跟有不同文化的朋友都能打交道，都更容易互相理解，这点很重要。

父亲的奋斗历程已经让女儿理解了。2017年，女儿作为大学四年级生，还自己命题和准备开一门有正式学分的课，主题就是如何将不同文化的人调和在一起。她已经将课程全都设计完了，并把12个星期的课程大纲发给他。黄予良十分骄傲。

在黄予良身上，你能清晰地看到，家庭、家人是他奋斗、进取的重要动力。说到人生中的那些好事，黄予良关注的都是看似平常的事情。他的父母亲、岳父岳母都已年过80，且身体都还好，太太一直鼎力支持他的工作，两个孩子顺利成长，看待世界的方式也非常积极、健康……黄予良认为自己很幸运。

如今，黄予良依然要在北京、上海，中国、美国多地奔波，但他的手机里却随时能调出16年前大女儿描写妈妈的中文作文——“我的爸爸因为工作需要，常常要出差在外，家里的事情里里外外经常是妈妈一个人在照应着……”还保存着大女儿在20岁父亲节那天给爸爸的一封信，“拥有像您这样的父亲，我是多么自豪……”种种点滴细节，也令旁观的人觉得，在需要不断坚持的“马拉松赛道”上，黄予良幸运而幸福，同时，事业让他充满着力量。

➢企业家感言

做事亦如“跑马”

我这个人属于行动派，而非思想派。觉得一件事情应该做，就去做了，常常不想那么多。就像“跑马”，赛道就在眼前，里程已经明确，我需要做的就是一步步向前跑，坚持住，因为这是我喜欢并且自己选择的，所以过程与结果皆有价值。

我的创业过程，其实也是如此。设定了目标，有了启动条件，那就开始了。但必须坚持自己的理念，天天努力，就一定会有结果。

新药研发也是这样。我们自己不仅需要秉承严谨科学的态度，更要时刻保持警戒，要始终坚持最初的质量和目标，一步步走下去。每一天都踏踏实实地做事，一件一件事情认真做，就一定会有成果。

创业更是如此。与其去问，不如自己做。每个人的经验都不同，在门外可以无休止地问屋内之事，但你永远不会真正知道门内发生的事情及跟你的关系。别人的困难不见得是你的困难，而真正遇到的困难总会在意料之外。

创业不是好玩的，不是每个人都能创业的，一旦开始创业，就跑上了马拉松赛道，当然可以随时停下来，但你走的每一步，好的坏的都是你的，是你应该承受的，不能抱怨。

我的做事原则是“四心”原则：行事要有决心、做事要有专心、方向要有恒心、结果要有信心。

韩忠朝：

30年只为造血干细胞

企业家小传

韩忠朝，1953年出生，江西上饶人。中国医学科学院北京协和医学院教授、博导，法国国家医学科学院、法国国家技术科学院两院院士，国家干细胞工程技术研究中心主任，细胞产品国家工程研究中心主任，北京汉氏联合生物技术股份有限公司董事长兼首席科学家。主要从事血液学、干细胞生物学及其工程技术的研究，共发表学术论文450余篇，其中发表干细胞相关英文论文250篇；主编参编英文专著6册、中文专著8册。先后荣获国家科技进步一等奖、二等奖各1项，国家自然科学二等奖1项，中华医学科技进步一等奖1项以及多项省部级荣誉，2016年获法国荣誉军团军官勋章。第10届、11届全国政协常委，第11届、12届和13届九三学社中央常委，第11届、12届和13届天津市政协常委。南开大学等10余所大学的兼职或客座教授。

2016年6月28日，韩忠朝（右二）在法国医学科学院参加“法国荣誉军团授勋仪式”。

❁➢

2001年，韩忠朝陷入人生中最难堪的舆论漩涡。身为中国医学院中国协和医科大学血液学研究所所长、国家干细胞工程研究中心主任、干细胞领域国际知名专家，韩忠朝要创办企业，这个消息令学界不少观念保守的学者疑惑。

当时，国家发改委批了一个干细胞产品产业化示范基地的项目，项目后来又成立了协和干细胞基因工程有限公司。韩忠朝的热情投入引来舆论非议。“不好好搞研究，瞎搞什么产业化？”“想捞钱吧！”……

面对压力，韩忠朝有点沮丧却难以辩驳。在他眼里，若说去做企业，那是将自己的志向说“小”了、说“偏”了。

他们搞医学研究的，如果不把实验室里的成果转化成对人类健康有实质性帮助的技术产品，不转化成对社会经济发展有用的生产力，怎么体现它的价值？韩忠朝暗下决心。因为，他看到的其实是干细胞技术产业化这一更“大”的格局。

真正为国家做点事情

韩忠朝真正看重的是什么？他的个人生选择早已给出了答案。

1997年，44岁的韩忠朝结束了11年旅居法国的游子生涯，回国到天津任职，担任中国医学院中国协和医科大学血液学研究所所长。对他来说，回国效力是顺理成章的事情，并没有太多顾虑。

当时，韩忠朝是血液学研究领域的国际知名专家，已被法国巴黎第七大学聘为教授、博士生导师，是占据血液学研究领域世界前沿的雅克·康教授的得力助手。雅克·康是法国国家医学科学院、国家技术科学院院士和中国工程院外籍院士，他新建的巴黎血管及血液学研究所，就选定韩忠朝负责组建细胞分子生物学实验室。1991 年，韩忠朝的研究成果“巨核细胞生长调控因子”由雅克·康教授和另外一名诺贝尔奖获得者共同提名，获得了法国科学院的科技奖——罗伯格奖。

在法国科学界风生水起，但韩忠朝始终与国内保持着密切联系，多年来交流频繁，随时准备回国服务。在回国参加学术会议时，有幸与中国医学科学院院长、中国协和医科大学校长巴德年院士和党委书记钱昌年同志见面，当场说定受聘担任中国医学院中国协和医科大学血液学研究所血液病医院所院长。

韩忠朝获得的部分荣誉证书。

决定虽然重大，但韩忠朝并未瞻前顾后，将全家都搬回国了。一方面，是因为当时在法国的研究工作告一段落，也可以安心放下了；另一方面也是更重要的，是在同一领域的技术，中国也十分需要他那样的人才，与其在国外给人家做研究，不如为祖国出一份力。

对于韩忠朝的决定，身边人各有看法。但韩忠朝态度明确，“人各有志，追求的也不一样，我觉得还是要做最适合自己志愿的事情。”

然而，回国不仅仅是一个决定，还是一连串生活上的变动。

韩忠朝国内的职务在学界有影响，研究的领域也十分前沿，但国内外生活待遇的差距是巨大的。韩忠朝在法国的月薪约合三万元人民币，回国后的工资已经不低，但也只有2000元人民币，一下子缩水了十成中的九成。对于这些，韩忠朝却没有别的想法。那时候的海外留学人员归国，待遇的问题提都不提，更不讨价还价，只是想着“能真正为国家做点事情，就好了”。韩忠朝更是想得开，“虽然工资少了些，但大家都能过的日子，我们有什么不能过？”

然而，更大的困难还是在工作中。当时我国深化科研体制改革刚刚开始，那是一个新旧科研体制交替、各种矛盾交织、新旧观念碰撞的特殊时期，存在许多困难和问题。韩忠朝披挂上阵，首先要解决的就是这一系列问题。

上任不久，韩忠朝把主攻方向放在干细胞研究上。在“干细胞”这个词还没有频繁进入公众视野时，韩忠朝就认为，这种具有自我复制、高度增殖和多向分化潜能的原始细胞，将是未来研究的一大热点。干细胞是机体的起源细胞，也是形成人体各种组织器官的“祖宗”细胞。如果能在这个领域取得突破，对人类健康的贡献将是巨大的。

主管部门对新领域的认识不足，韩忠朝就不厌其烦地介绍、讲解；对研究的主攻方向有疑虑，韩忠朝就用实实在在的成绩说话。几年后，韩忠朝创办了国家干细胞工程产品产业化基地和细胞产品国家工程研究中心、全国首家由国家科技部批准的国家干细胞工程技术研究中心，组建的天津市脐带血干细胞库首批获国家卫生部的执业许可，成为亚洲脐带血库组织的发起单位之一，国际上最大最先进的脐带血干细胞库之一……

不为良相则为良医

回望来路，韩忠朝最看重的既不是金钱，也不是地位，而是能实实在在地做点有价值的事情。求医问药、治病救人，就是他人生路上的一盏明灯。不论是在青葱岁月四顾茫然之时，还是在潜心求学意气风发之日，这盏灯始终指引着他行进的方向，从未偏离。

1953年，韩忠朝出生在江西上饶市，祖上是有名的书香门第、中医世家。祖父在上海的中医学校工作，父亲算是上海国医学堂的第一届硕士。后来父亲开医馆，医馆的牌匾还由著名的“爱国七君子”之首沈钧儒亲笔题字。在这样的环境里生活，家里的兄弟姐妹都懂些医术。

中医是中华民族的传统文化的重要载体，韩忠朝也深受熏陶。背唐诗、练书法，读《本草纲目》《黄帝内经》，那时的他还不确定自己以后会行医，但“做个好医生”“不为良相则为良医”的家风家训已经深入骨髓。

1968年，韩忠朝初中毕业，还不满16岁就插队到弋阳县农村。开始的几年，着实吃了不小的苦头。种田干活拿工分，他年纪小，太重的活干不了，生活物资极度贫乏，没东西吃饿肚子，前途也十分渺茫，也不知道以后会做什么、该怎么办。

就在茫然失措的时候，深厚的家学积淀有了用处。因为韩忠朝的传统文化底子厚，就先到民办小学当老师，后来大家又发现他懂中医，便破格让他成为一名赤脚医生。韩忠朝在村政府的诊所看病，很受当地老乡欢迎，他也觉得自己很有价值。此时境遇峰回路转，可新的苦恼又来了——没有系统学习医学，每天都感到知识不够用。中医不够用，就自学西医，帮助的人越多就越坚定韩忠朝从医这条路。他在农村一落脚就是九年半，岁月磨砺中，行医从医的路也日渐清晰。

1977年，国家恢复高考的消息突然传来，韩忠朝立即意识到，要想系统钻研医术，就必须赶上这班车。虽然没读过一天高中，但他说什么也不愿放弃这个机会。要是考文科，韩忠朝没什么问题，但是医科是理科，要考数理化的，这可就难了。韩忠朝不气馁，托人从上海捎来一套16册的高考复习的丛书，不到半年的时间里反复研读，然后匆忙上阵。虽然没有考上一所知名大学，但韩忠朝终于能够学医了。他心里暗暗发力，“这里欠缺的，以后可以再补”！

韩忠朝成为江西医学院上饶分院的第一届新生，如同他自己所说，起步虽然晚了，但学业上一连实现了几个跨越。三年专科还没读完，他就申请直接考研。

1981年，当77级的本科生还没毕业，韩忠朝已经成为福建医学院内科血液学专业的第一届硕士生。在福建读硕士的三年中，韩忠朝的研究成果总共得了四个奖：福建省科技进步一等奖1项、二等奖2项、三等奖1项。1984年，他又成为中国工程院院士、原上海第二医科大学校长王振义教授门下的第一届博士研究生。一年半后，导师把他送到法国直接进入作博士论文阶段。在法国，他用了不到2年时间就完成了通常需要4至6年的学业，并获得了博士学位……10年磨砺，韩忠朝层层蜕变，从当初弋阳县农村那个拿不起重活的孩子，成长为血液学及干细胞专家。时至今日，人们会赞赏他10年学业“三级跳”的佳绩。但在韩忠朝看来，他只是在把耽误的时间追回来——之前浪费的时间太多了，得到学习的机会又那么不易。到法国的时候，他已经30多了，连孩子都几岁了……

人们也会问他这么努力学习，苦吗？再苦的学业对经历过上山下乡的韩忠朝来说，都不算苦。“立下了目标，明确了时间进度要求，该做多少事情都要做。”几乎每一次都是背水一战，过了就能上个台阶。

其实，韩忠朝的求学之路也有一个难过的坎儿，那就是英语。刚上大学，他连一个英文字母都不认得，跟那些大城市的学生没法比。但只用一年，韩忠朝就赶上了全班的进度，靠的依然是奔向目标的执着韧劲。

做科研产业“架桥人”

从1984年至今，韩忠朝已经与干细胞打了三十余年的交道，他始终认为“干细胞大有可为”。

早在大专实习期间，韩忠朝就亲身感受到血液病对人们带来的危害。当时，血液病在地区、省级医院都无法医治，人病了就只能送往上海等发达地区治疗。这个现实促使他锁定血液学专业的目标。这个目标，在他此后法国求学、回国任职的经历中，日益清晰。从血小板追溯到巨核细胞，从巨核细胞追溯到造血干细胞，再从造血干细胞追溯到多能干细胞、全能干细胞……那时候的韩忠朝可谓“两耳不闻窗外事”，完全沉浸在自己的科研世界里。

这些年，韩忠朝不但在巨核细胞和血小板、血管新生及其控制趋化因子调节细胞生长和耐药反应等方面的研究中取得了国际领先水平的成果，而且在干细胞及间充质干细胞研究取得崭新成果。发明的造血干细胞、祖细胞和巨核细胞扩增方法获得国家专利，并在国际上率先开展外周血干细胞移植治疗下肢缺血性疾病的研究，建立了一个安全有效、简单经济的新方法。这一新技术在全国推广，许多患者因此受益。

在一般科技人员看来，韩忠朝已经很有成就，但他自己却不满足：

在实验室辛苦一辈子，如果最终取得的成果只是几篇论文和奖状并被束之高阁，回想起来那是什么滋味？假如把这些知识为人所用，别人能够通过你的成果得到效益，病痛得到缓解，危重得到救治，那就是另一种感受了。

韩忠朝在此后很多年中经常提到的，就是医疗科技成果的临床转化和产业化，这也是令他备受非议原因。

研究所所长和医院院长干了两届之后，韩忠朝坚决卸任，想专注地做好临床转化和产业化的事情，但他没有想到，这条路并不好走。将科研成果产业化，现在听来很正常。但在十几年前，社会观念还比较保守，大家都觉得，做学问的人就应该待在实验室里，不应该搞什么企业。但韩忠朝做了十几年研究，了解已经取得的研究成果只要积极转化，马上就能帮助更多的人，他也渴望使更多人从中受益，这将是莫大的价值。

正是有了这个信念，这一步虽然难走，但韩忠朝毫不犹豫地迈了出去。于是，难题接踵而来。人、资金、政策、资源、国家法规、同业竞争……而且医疗科技关乎生命，产业创新面临很大挑战。

“没有这个经历，是体会不到里面的辛酸苦辣的。”韩忠朝多次提到干细胞技术产业化就是他的最后一项事业，希望中国能有在国际上有一席之地的干细胞高科技企业。

协和干细胞基因工程有限公司是韩忠朝这项新事业的起点。作为科研人员，完全可以享受技术应有的股份和成果，但韩忠朝

韩忠朝获得的法国荣誉军团军官勋章。

放弃了自己的利益，把专利捐给所里，该项目先后为研究所带来了近2亿元的经济效益。

对于过去，韩忠朝留下的不只是一声叹息，还有奋力直追。

2007年，韩忠朝在亦庄创办了北京汉氏联合生物技术股份有限公司，这意味着公司可以享受亦庄开发区提供的很多优惠政策和资金奖励补贴。自汉氏联合落户亦庄后，积极响应亦庄管委会和海外学人中心的政策扶持，先后被评选为海外高层次人才创办企业、亦麒麟领军人才创办企业等荣誉称号并享受相应奖励补贴，亦庄还为企业佼佼者解决了北京户口，促进了优秀的研发工作人员引进等,亦庄管委会对他们的帮助让汉氏联合充满了活力。

此外，北京经济技术开发区聚集了许多大型的生物医药企业，建立了与先进国家竞争的生物技术与信息平台，为技术密集型中小企业创业提供支持，进一步完善了生物工程与新医药产业的配套体系。

正是在这个创业创新的火红年代，伸展触角，全力以赴推动干细胞技术走进寻常百姓家，能实实在在地被社会应用，帮助到人，实现着他干细胞技术产业化的愿望。看到越来越多的人能够受益，看到中国的干细胞技术处于世界前沿，很多值得计较的事情，韩忠朝懒得发声了。

成绩在前，在科研和产业之间辛苦架桥的韩忠朝，十分自豪。整体上看，中国已经成为世界干细胞技术领域强国。虽然在基础研究上，我国可能跟美国、日本还有一点差距，但是在其他的应用，比如转化应用这方面的研究，中国还是领先的。正是带着使中国成为这一领域强国的使命感，韩忠朝决定了要走这条艰难的道路，花的心血再多也不后悔。

如今的韩忠朝，依然是声名远播的大学者。但他却已经不太在乎外界的定位。“说我是科学家也好，企业家也好，我已经过了追求利益、权力的年纪，现在就想怎么样架一座桥，把自己的、别人的一些好的科研成果，转化成科技产品、社会效益。”

已经63岁的韩忠朝依旧保持着旺盛的工作激情和忙碌的工作状态，这似乎是他那一代人的共性。经历过上山下乡、求学无路、前途未卜的漫长岁月，重新回归正常的人生轨迹，每一天都值得珍惜、不容错过，不充实，就不踏实。

有人问他，干事创业几十年，最大的感慨是什么？“20世纪80年代留学法国，发现当时国内外差距那么大。”韩忠朝有些自嘲，“超市货架上摆满了商品，有的见也没见过；家家户户都开车，当年国内私人就根本没有车……”繁华的街道、琳琅的商品，这些简单的物相冲击着韩忠朝的心，他想，我们中国什么时候能变成这样？要达到这个水平，50年够不够？“没想到根本没用50年，咱们中国的发展太了不起了！”韩忠朝说，“特别是近几年，以前都是中国学生到外国留学，现在是许多外国学生学者来中国学习工作。反过来了！”

有人问他，未来还要做哪些事业？他有些神秘，“我们搞科研的，走到哪里都想创新。我们正在酝酿更大的事，等过几年见了成果，再看吧！”

企业家感言

永远走在创新路上

20年前，我放弃在法国奋斗十多年所取得的职位，带领全家，靠着多年积蓄和缩水了90%的月薪回国工作生活，对我来说，最有价值的事情，是能够真正为国家做些什么；20年中，我不顾非议，坚持将实验室里的科研成果真正作用于社会，让一些论文完成“纸变成钱”的产业转化，对我来说，最大的享受，是让更多人的生命健康因此得到护佑；20年后，在汉氏联合生物这个新平台上，我还有新的“奇思妙想”。虽然遭遇了一些风雨，但我没有气馁，还将带着曾经历经磨难的坚强心脏，朝着自己坚持的方向走去。

韩征和：

让中国超导技术超速前行

企业家小传

韩征和，1948 年出生于浙江省杭州市，先后获清华大学物理系学士，北京钢铁研究总院硕士，丹麦哥本哈根大学奥斯特学院博士。1986 年至 1993 年先后在瑞典皇家工学院固体物理系、林雪平大学技术中心进行研究工作。

1993 年进入丹麦 NKT 研究中心，后在丹麦 NST 公司任高级技术顾问，负责高温超导导线研究。2000 年受聘清华大学应用超导研究中心主任，同年受聘为教育部长江学者特聘教授，国家“十五”863 计划新材料计划领域“超导材料与技术”专项总体专家组组长。任北京英纳超导技术有限公司董事长和北京云电英纳超导电缆有限公司名誉董事长。

研究成果获国家科技进步二等奖、北京市科学技术奖一等奖，并获市、部委各种奖励 7 项。获北京市杰出人才贡献奖提名奖、北京市产学研先进个人奖和北京市留学人员创业奖。

2010 年，韩征和在清华大学的办公室。

2000 年，韩征和决定回国时，太太提出了三个条件。一、每年至少探望在丹麦的孩子一次；二、回国后不能多参加饭局应酬；三、运回一套纯正的丹麦家具，因为丹麦的家具世界知名。

韩征和点头答应。但他心里知道，在太太的“约法三章”背后，是希望回国后依然安稳顺意地生活。可是，以后会怎样，韩征和怎么知道呢？

想不清楚的事情就不想了，直接做，做了才知道。韩征和这辈子都是这样过来的。

那一年，52 岁的韩征和带着太太，告别了丹麦休闲的小木屋和优越的生活，举家搬迁，回了北京。

将中国超导技术送上世界前列

对韩征和来说，回国的决定既在意料之外，又在意料之中。

一方面，韩征和全家在瑞典和丹麦工作生活了 14 年，买房置地、建功立业，已经稳稳地扎下了根。不仅如此，他还是研究高温超导的知名学者，在世界范围内被高度认可。丹麦北欧超导公司 NST 高薪将他从瑞典挖来，担任总技术负责人，负责高温超导导线发展和生产线的建立，他只用一年的时间就做出了当时最长的高温超导线材。以致华人圈子里传说，“嘿！这里有个拿高工资的韩！”放弃北欧富裕自在、风生水起的生活，这的确在韩征和的意料之外。

但另一方面，当时的中国，高温超导产品尚属空白。此类产品属于国际禁运项目，也就是说，如果中国没有能力自主生产，那么也不可以在国际上购买。韩征和有高温超导导线产业化的积累和经验，时任科技部派驻丹麦大使馆的科技参赞李武强也极力劝说他回国效力，“像你这样的人回国，应该能做更大的事情！”

韩征和心里也愿意为国家做出更大的事情，难道任由国际市场对中国竖起栅栏？回到祖国的号角已经吹响，这又在韩征和的意料之中。

已经过了知天命的年龄，还要重新出发？家人反对、朋友不解。面对选择，韩征和难得地失眠了。睡不着，找了本书看，忽然瞥到一句话，“顾前顾后干嘛？想干就去干！”韩征和眼睛一亮，“我一想，干脆去干！去做该做的事情，不要去想将来会带来什么。”

于是，“不想将来”的韩征和回国了，担任清华大学应用超导研究中心主任，同时创办北京英纳超导技术有限公司并任董事长。清华大学打破了归国留学人员支持 200 万元经费的规定，拿出了 1000 万元启动资金；英纳超导也在北京经济技术开发区落地，一时间生气勃勃。

一年之后的 2001 年，中国第一根 300 米铋系高温超导线材“如约而至”。在这背后，是韩征和亲手建起的国内第一条铋系高温超导线材生产线，从设计、生产到安装，几乎都是原创技术，年产能达到 200 公里，使我国成为世界上少数几个能够进行高温超导线材大规模工业化生产的国家之一，为高温超导应用项目的研发提供了关键的原材料保证。

2004 年，英钠超导主持研制的一条高温超导电缆在云南并网运行。这是世界上第三组并网运行的高温超导电缆系统，它的长度、载流能力双双刷新世界纪录，标志着我国高温超导电力应用跻身国际前列。

无法预料的转折人生

回国，是韩征和人生轨迹中的一个重要转折。韩征和 1948 年出生，在他和共和国共同成长的人生中，一个又一个无法预料的转折在静静起伏。

韩征和是“老三届”。他在北京读书到高中二年级，跟随大批知识青年上山下乡，韩征和的目的地是内蒙古大草原。那时候，很多年轻人聚在一起，干农活上手也快，有时候还能骑马，大家都觉得牧区很浪漫。唯一的苦，是对文化知识的渴求，只要

2013 年，韩征和在欧洲阿尔卑斯山意大利一侧。

能捞到张纸片，上面有白纸黑字，他都会如饥似渴地去读。与此同时，未知的前途也在煎熬着年轻的心灵。一垄地有一里长，割麦子，弯下腰去要一个小时才能直起来。那时的韩征和时常会想，“什么时候能熬到头呢”？

下乡6年后，韩征和终于与回京的机会不期而遇。北京的中学急缺教师，有高中文化的韩征和被幸运地选中。英语、物理，他教过不少学科。最出乎意料的是，恢复高考的消息传来了！消息是突然来的，离考试只有几个月时间。韩征和来不及平复雀跃的心情，马上投入到复习准备中去。

30岁那年，对韩征和来说是特殊的一年。他30岁成家，也是30岁上的大学，在清华大学只过了一个学期，孩子就出生了。读到了本科毕业，韩征和那个年龄的人中，很少有人能再往下读，但韩征和选择了继续读书。1986年，当被教授推荐到瑞典皇家理工学院时，他已经年近40了。

接近不惑之年，留学瑞士的韩征和前所未有地感受到国内外发展上的差距，这种差距不仅体现在经济发展上，还体现在学术研究环境上。一到瑞士，他就收到一把钥匙，除了能打开自己的实验室，整栋楼的房间乃至库房，都能用这把钥匙打开。似乎一瞬间，世界前沿的科研大门就朝着他打开了。这种对心灵的震动是巨大的，韩征和心中冒出个年头，一定要在这里站稳脚跟。

一天要工作十几个小时，除了吃饭睡觉就是做实验……后来，韩征和对学生讲自己的奋斗经验时说，“我比较幸运，每到一个新的平台，常常是努力一年就站住脚了，两三年就能做到世界前沿。想钻研什么，就能得到什么。”但学生们却很少想到，在那些成绩背后，韩征和付出的辛劳和汗水。

就在海外的学业初步走上正轨，科学界对高温超导的一系列发现又改变了韩征和的人生。

早在100多年前，科学家就发现了奇特的“超导”现象——在接近零下300摄氏度的低温中，一些材料导电不再有电阻，但这样的低温需借助液氦才能获得。1986年，IBM研究实验室的物理学家柏诺兹和缪勒发现，有的材料在零下200多摄氏度环境下就能出现超导现象，这被称为“高温超导”。1987年1月，朱经武教授成功发现了新超导材料，将超导温度提高至摄氏零下180度，开创了高温超导研究及应用的新纪元。这一技术如此重要，以至于在高温超导现象发现当年，全球便有260多个实验室投入到这场技术竞赛中。

也是在这一年，突然一天，韩征和的导师宣布：“从今天起，我们全组的研究方向变了，改做超导！”好，就是超导！一直研究磁性材料的韩征和干脆利落地直接转向，从此将超导当成了一生的事业。

现在的人们可能很难想象高温超导的影响力，那是世界轰动，全社会都在关注。当时，韩征和所在的实验室收到一封信，内容是建议如何研究超导的。导师拿给他，说，“韩，你看看上面的头衔。”韩征和一看，写信的居然是希腊的一位将军。

有一年，韩征和遇到朱经武教授，开玩笑说，“都是因为你发现了超导体，把我的人生都改变了！”朱教授听了之后很得意，说，“是吗？这个我听了很高兴啊！”

坚持将事业做下去

高温超导成就了韩征和，韩征和和他的团队也成就了中国的高温超导技术。他们刚搞起来的时候，全世界都吓一跳。美国、日本都很关注，认为在高温超导技术领域，中国是一鸣惊人！短短几年，英纳超导不仅在全球高温超导领域争得一席之地，而且位置靠前。每当有国际超导领域的“大腕”到访中国，必去访问英钠超导。纳斯达克上市公司 AMSC(美利坚超导公司) 每次发布季报年报，“英纳超导”都会被它作为主要竞争对手点名提及。曾经有韩国一个超导项目负责人来到这里，特意到生产线上剪下一段线材现场测试。看着检测结果，这位负责人对韩征和说，“铋系高温超导导线我们不会再搞了，赶不上你们。”

韩征和没有想到，超导技术已经取得了难得的成绩，但新的波折仍将来临。

技术优势有了，如何转化为产业效益成了最大的难题。特别是由于超导技术的超前性以及巨额投入，公司运行的研发资金开始捉襟见肘。2008 年，英纳超导合作伙伴退出，资金链突然断裂，公司一下子陷入困境。

为什么形势急转直下？

从世界市场来看，中国小小的英纳超导是个“出头鸟”。因为英纳超导一举打破了超导产品的国际禁运，也让中国拿到了到海外市场购买的“通行证”，一些世界巨头随即展开残酷的国际竞争。有一家外国公司马上开始价格战，英纳超导那时的产值只有几百万元，但那家外国公司整体的产值是一千亿。蚂蚁怎么打得过大象？不过，哪怕在最困难的时候，韩征和都始终坚信，他们的存在对国家是有意义的。

英纳公司的产品是高温超导材料。新材料是制造高科技最终产品的基本保证。不像飞机火车，材料一般人看不见，不容易得到重视。只要英纳公司存在一天，国人就能用到高温超导导线，中国开展高温超导的应用就有材料的保证。这正是韩征和及团队感到自豪的地方。

然而当时，60 岁的韩征和依然为了公司心力交瘁。最难的时候，他四处借钱给员工发工资，连公司的车都卖了。有朋友劝他，公司结束了，你可以一身轻地当教授；太太也开解，公司关了就关了吧！但韩征和不愿意，他认为做事情还是要坚持，能坚持到什么时候就到什么时候。有人遇见困难绕着走，他觉得还是要克服才行。

生死存亡的关头，韩征和给北京经济技术开发区打了电话，"我没办法了，你们有没有好主意？"看到英纳超导的困境，亦庄开发区紧急开会，用科技创新资金为企业开辟绿色通道。仅用了 20 多天，就批复了 200 多万元。就是这笔救命钱，让他们有了喘息的机会，等到了新的资金注入，公司开始良性发展。

韩征和也终于跨过了阻碍，继续坚持把事业做下去。

还有那么多奇思妙想

时至今日，韩征和回过头来看，许多人生抉择中的问题都需要整理，因为人们会不断地询问同样的问题——

如果在国外，会在花甲之年还为资金发愁吗？

后悔回国吗？

"不后悔。不回来，我就不知道会遇见什么事情。路在脚下，你不走，怎么知道前面的路是什么样的？既然选择了，就要坚持。"

回国至今，算是达成所愿了吗？

"做事情有很多不顺，但我也确确实实做成了事情，高温超导领域因为我们，不再是一潭死水。高温超导的应用不再是中国人不能做的事情，现在大家都敢想敢做了。我们推倒了一座墙，影响了整个行业。从国家利益和长远来看，的确是一件好事。"

遇到这么多困难，在预期当中吗？

"虽然有困难，但困难是能够克服的。人生中总会有困难，不是这里有，就是那里有……"

2003 年，世界著名科学家前田（Hiroshi Maeda）教授（右）访问英纳超导公司与韩征和（左）合影。

所有的一切对于韩征和来说，最感慨的还是国家的大发展。十几年来，他亲眼见证了国家的变化。韩征和刚回国的时候，大学老师工资一两千，北京房价三四千，买车都没有多少可挑选的车型，现在的道路拥堵更是完全想不到。国家发展得又好又快，能不令人感慨？

对于韩征和起起伏伏的人生际遇，已经高龄的父母亲看得很开。老前辈们在抗战年代读的大学，为韩征和兄妹起名都用了一个“和”字，就是为了祈望和平。

如今，和平年代已然到来，国家民族兴旺昌盛，还有什么境遇能称之为“难”？

时间走进 2016 年，韩征和已经 68 岁了。他正在为自己带的最后一个博士进行预答辩。不久之后，他也将从清华大学的教职上退休。

有人称呼他为“企业家”，他会谦虚地推脱，认为自己没有足够的能力做好一个企业，办的企业也不是很成功，谈不上是企业家。他们只是与一项事业相遇，可能是由于志向所在，也可能源于各种各样的巧合，但能将一项事业做成，关键还是能够坚持。当然有个别人能有好运气，很快能成功，但能一辈子一直能遇到好运气的可能不会太多。因此对大多数人来讲，只有坚持不懈地做下去，才能有所成就。

有人追问韩征和对中外科研环境的看法，他会毫不客气地说，“硬条件上不说了，主要看软环境，西方的科研软环境就很有优势，欧洲科研领域的严谨性、逻辑性及追求科学的精神，都值得我们学习和借鉴。”韩征和的一个学生出国一年后回来，他问学生在国外的最大感受是什么？学生回答说，人家外国人相信科学。韩征和亦因而感叹，“这就充分说明欧美国家和我们的科技文化理念是不一样的，在政策扶持、资金扶助等很多方面也都有体现。早年，我国很多知识分子注重纯理论，却几乎没有理论结合实际搞科技创新的传统，所以可以在实验室里做出来的产品，很难大规模生产。这也源于科技文化理念的不同。”

仔细观察，可以发现，韩征和一直用学者思维来对待身边的一切。针对北京的雾霾天气，他自己搞了个专项研究，理清雾霾成因；觉得瑞典植树造林的办法好，还实地考察北京郊区林业情况，希望借鉴引进；父母已经高龄，他又开始探索解决老人居家养老、病弱扶助的科技渠道……

还有很多奇思妙想，有待韩征和去验证。

忙活了一辈子，坚持了一辈子，因循的是怎样的人生哲学？

“但行好事，莫问前程吧！”韩征和常常说，“只有做到了莫问前程，才能真正去做正确的事情，做自己想做的事。这一生也就充实得多、快乐得多。”

企业家感言

要成功，需坚持

首先是要做事而不是只想挣钱。因为如果只想挣钱，当企业遇到困难时，看不到挣钱的可能，就会不择手段或者放弃原来的目标。这样从长远来讲是不可能成功的。

其次要能坚持下去还需要做人正派。当前社会普遍浮躁，但大多数人还是好人，能分得清好坏。如果做人正派、有诚信，虽然短时间内有可能不如一些人那样风光，但长时间来讲，总能遇到好人的帮助。办一个企业要有一批人在一起努力。只有发自内心对每一个人尊重，才能团结大多数，创造一个好的环境。这样虽然公司待遇不算高，但还能保持一个高水平的队伍。在遇到困难时，大多数员工才能做到不离不弃。

能坚持下去的另一个因素是对工作的“热爱”，这能帮助我们完成很多别人想象不到的工作，付出别人无法付出的努力。使你对一件事情热爱的最好办法就是付出，付出多了自然就会喜欢。为什么我们都爱自己的孩子，就是因为对他（她）倾注了大量的心血。

孙启银：
用“核武器”修理细胞

企业家小传

孙启银，1951 年出生，山东省淄博市人，中共党员，博士后导师，主任医师，国家科学技术进步奖二等奖获得者，“亦麒麟”人才。现任大基医疗董事局主席、苏州大学常务董事兼苏州大学附属肿瘤医院董事长、北京市核医学工程技术研究中心主任、北京核医学装备与技术工程实验室主任、北京大学第一临床医学院—约翰霍普金斯大学医学院分子影像中心行政副主任、北京经济技术开发区博士后工作站博士后导师、中国品牌学习俱乐部名誉主席。曾任中国癌症理事会理事等职，北大兼职博士生导师、第二军医大学兼职硕士生导师，中科院研究生院 MBA 企业导师。

2016年，UC戴维斯医学中心一行专家到访大基医疗，孙启银（左三）与大家合影留念。

掐指算来，孙启银和医学的不解之缘已然有半个多世纪了。

从治疗癫痫病起步，到建立国内中外合资医院，再到自主开发一整套诊断疗程，青丝白发间是一个人对治病救人的追求和坚守。

孙启银除了是大基医疗董事局主席，还有一身令人敬重的传奇经历。

结缘医学半世纪

60多年的起落人生，他从未放弃过医者这个身份。从做医生到办医院，再到研发推广医疗设备，孙启银将精益求精的理念融入生命的不同阶段和角落。

通过做医疗服务从淄博走向全国，又通过做医疗设备从北京走向全世界，他不但用仁心仁术博济惠民，更用人生行走的每一步践行着医者无疆。

而这跨越半个多世纪的故事，还要从他的老家山东淄博讲起。

人都说山东人热情、实诚，这一点在孙启银和他的母亲身上尤为明显。那时，他的母亲是方圆几十里间、乡里乡亲的义务医生。

在孙启银的记忆里，谁家小孩儿胳臂脱臼，或是痛了口疮，母亲听闻总要急忙忙赶过去，用个土方，片刻见效，而且从不收任何费用。

“竟有这般神奇！”他在一旁看着，心里暗暗惊叹：刚刚还在哭闹的孩子，片刻便痛去安静了。

多年后，孙启银回首这段看着母亲治病救人的经历，不仅把它看作自己和医学的“缘”，还是一生投身医疗行业的“根”之所在。

积善之家有余德。孙启银的母亲去世时，周围的很多人都哭了，乡里乡亲都主动来帮忙打理，像亲人般地温情安慰他。

我要做医生！知恩图报的孙启银听见了自己心中的声音：像母亲那样，治病救人。

2016 年，北京市大兴区委书记、北京经济技术开发区工委书记谈绪祥（中）一行赴大基康明调研，孙启银（左）向谈绪祥等介绍大基医疗在医学技术创新发展领域取得的最新成果。

而他进入癫痫病这个垂直领域，也和两位他亲近的人有关：一位是他的亲戚，一位是他的朋友。

那是在1974年，23岁的孙启银再一次经历了生死离别的考验。当时，他的亲戚——一位已经被病痛折磨16年的少年，突然癫痫持续发作，家长们绝望后拒绝去医院抢救，同时也拒绝了孙启银这位年轻医生的抢救意见，最终在癫痫病的持续发作中离开了人世。本想用自己的医学知识为亲友治病，但最终却束手无策，孙启银的心中自此压了块沉沉的石头。

邻居的一位二十岁的姑娘癫痫病十余年，在痛苦中挣扎，孙启银便再也坐不住了。他决心要攻克这个领域！他开始着魔般查阅大量医学资料，一张张，一本本，废寝忘食。他甚至跑到济南、北京等地的大医院寻求帮助。是啊，哪怕只寻到那一丝希望，一线生机，都决不能放弃！

皇天不负苦心人。朋友的病症最终得到了控制，5年没有发作。一股自豪感涌上了他的心头。在此后行医的过程中，每救治成功一位病人，他这种发自心底的自豪感便会增加一分。

然而，治疗癫痫病这条路从来都不是一帆风顺的，孙启银就遇到过许多艰难险阻。最严重的一次，本来已经"治好"的病人，在一年半后有三分之一忽然相继出现了复发症状。

到底是哪里出了问题？孙启银急得像热锅上的蚂蚁。他吃不下、睡不着，苦思冥想、反复验证，最终找到了"药物浓度变化"这一病情复发的"命门"所在。

就是凭着这股子钻研劲儿，1984年，他作为唯一一位来自地级市医院的医生被邀请参加国际性的学术会议。两年后，他的关于癫痫病治疗中药物浓度的论文发表在《新医学》杂志上。随着好口碑不断地累积，全国找他看病的病人也越来越多。

从决心里开出花来

医生出身的孙启银还有个头衔——“中国伽马刀之父”。这是他人生另一段历程的荣誉，也是他能力和韧力的真实写照。

改革开放后，国家不断加大对科研的重视程度和投入力度，开启了一个投身实业的好时代。随着时代前行，孙启银决定在医疗创新上有所突破。他想通过开办医院，引进先进的设备，配备优秀的人才，为更多的癫痫病患者提供一流的医疗救治和服务。

于是，孙启银开始着手创建我国第一家中外合资综合医院，并将伽马刀等设备引入国内临床。这对当时医疗条件还普遍落后的国内医疗行业来说，是一个奇迹。

奇迹的背后，是他百折不挠的精神在支撑。

在原卫生部和原外经贸部“上 5 个月的班”，这是件常人难以做到的事情。原来，那时国家虽然已经允许开办中外合资医院，但文件规定在国内只批准两家医院作试点。竞争非常激烈。而孙启银办医院开设的地点，不在北京这样的一线城市，而是在偏远的山东淄博，这就更增加了申请通过的难度。

怎么办？为了达成心中所愿，孙启银每一个工作日都到原卫生部报到，找相关领导汇报，比上班还要准时。终于一次，当他含着热泪作了 40 分钟报告后，赢得一位好心的处长的认可。后来，他通宵熬夜完成了通常需要一周时间才能完成的申请报告。再之后，越来越多审批过程中的贵人被他的诚意和决心所打动，也被他的信念所征服。

成功路上没有捷径，有的是孜孜不倦的努力和奋斗。1992 年 9 月 15 日，由孙启银创办的淄博万杰医院作为原卫生部和原外经贸部联合批准的全国第一家中外合资综合医院，终于正式营业了。

怀着对一流技术的追求，他开始前往美国哈佛大学、耶鲁大学、斯坦福大学考察，“泡”在实验室学本事，开阔眼界。这一趟，他还在美国购置了大量价格不菲的医疗设备。和土豪们一掷千金买东西不一样，他通常会将设备的每个细节的原理搞清楚，再心满意足、小心翼翼地把这些选中的心仪“宝贝”带回国。

由于第一次将伽马刀引入国内治疗脑部疾病，孙启银也被人们尊称为“中国伽马刀之父”。自那之后的10年间，孙启银前前后后去美国、瑞典等国家考察了很多次，去过的医院和大学实验室超过了150家。经他之手引进国内的医疗设备就有PET、PET-CT、质子刀、伽马刀、X刀、光子刀、心脏激光治疗机和诺力刀等。这些设备的引进和临床应用，极大地推动了国内医疗事业的发展和进步。

以伽马刀为例，设备的引进不但为患者缓解了痛苦，还加强了我国在这一领域的科研实力，取得的进展聚集了世界级的关注目光。

那还是在一次夏威夷的国际会议上，孙启银做了一场关于“治疗小儿脑干胶质瘤”的报告。报告结束后，十多家国外医院的与会者走到台前，围住他交流细节。

原来，小儿脑干胶质瘤是一种极为罕见疑难病症。美国加州大学旧金山分院医疗中心在其建院100多年的时间里，仅仅发现了一例。而孙启银在报告里呈现出，他们在一年间治疗了9例病患并取得了良好效果。翔实的数据和突破性进展震惊了学界，也让孙启银和他的团队扬名海外。

一时间，海外教授、专家云集这家民营医院，有的来学术交流，有的来做手术。思想火花在这里碰撞，那段岁月在记忆里沉淀成最好的时光。孙启银常常会回忆起那个年代。医院里配有一流的设备，而来自美国的教授、专家也常常到国内来做手术，一做就是十天半个月。

创办医院成功迈出了第一步，孙启银展现了自己更大的雄心，他要将先进的技术消化吸收再创新，生产医疗设备，创新医疗方法。以定位病灶为例，当时国际上已经有核磁共振和 PET 两种方法。为实现精确度更高的肿瘤诊断，孙启银探索将这两种方法融合使用，为准确定位加上"双保险"。

为此，他在 1994 年前往美国芝加哥大学学习 PET 与 CT 融合技术。由于能将所学知识融会贯通、活学活用，他巧妙地用鱼肝油代替 PET-CT 设备中的钢珠，突破性的将 PET 与 MRI 联合成像。之后，他又出色地用 PET-MRI 完成了全球首次临床应用，手动做出了全球第一张临床应用的 PET-MRI 图片。

1999 年，美国大部分州将 PET 诊断纳入多种疾病的医疗保险。而孙启银也已经在 PET-MRI 技术方面摸索积累了数个年头，有着丰富的理论和实操经验。

那一年，他在北京注册成立了大基康明医疗设备有限公司，决心在国内生产出这种一流、创新的医疗设备。

在解放军国防大学研究生部的一栋小楼上，孙启银和他召集的研发人员、工作人员聚在一起，开始向世界首创技术的攀登。他们白天在二楼研发，晚上在一楼休息。在孙启银的鼓舞和带动下，每个人都对项目产品充满信心。但也就是在那一次，孙启银差点经历了灭顶之灾。

原来，癫痫病的病灶位于大脑皮质，手术中稍有不慎就会对人脑造成永久性伤害，所以对医疗设备准确度、精确度的要求到了近乎严苛的地步。控制系统是医疗设备的"大脑"，PET 的关键技术前段电子学，而他们团队遇到的难关也正好卡在这里。

当技术难题久攻不破，项目几乎就要因此夭折的时候，孙启银大胆启用原子弹控制系统电子学领域的年轻专家刘小平力挽狂澜，终于突破难关。凭着这股子果断、决心和韧劲，2005 年，公司获得了 PET 产品注册证书。2006 年，PET-MR 芙蓉出水，同时孙启银团队相继发明了 A45 治疗癌症、糖尿病等重大疾病，皮摩尔检测细胞功能，X 线轰击原子核中子生产同位素等三项新技术，填补了国际技术空白。

65 岁的"年轻人"

孙启银是个充满活力的人。

65 岁的他仍然保持着每天不到 7 点就起床的习惯。繁忙的工作对他来说，是挑战也是乐趣所在。除了逢年过节亲友聚会或一些特殊情况外，他不是在工作就是在去工作的路上，就连周末也不会停歇。那股子干劲儿上来比很多年轻人都要"拼"。心态年轻的他，保持着不断学习、勇攀高峰的活力状态。

2013 年初，他凭借"正电子发射断层扫描（PET）核医学装备系统的研制及产业化"摘得国家科技进步二等奖。但他探索的脚步并未停歇。这一次，他将目光瞄准了利用 A45 肿瘤治疗技术、结合线粒体靶向药物治疗癌症的技术前沿，并对此充满信心和期待：这项颠覆性技术一定走向全球。

在他看来，这是一个应用广泛的治疗办法，既能治疗癌症，也能治疗白血病、胶质瘤、感染等重大疾病。而这一研究最令人惊叹的部分，是能对准人体中异常增殖细胞疾病进行定向治疗。

经过"A45 肿瘤治疗"后，死亡的癌细胞释放的有效抗原能激发病人体内产生特异性免疫,对抗或攻击残留和复发的癌细胞。这极大减少了人类复杂性疾病的治疗成本，成为减少死亡、延长生命的有效办法之一。

A45 项目核心团队有三位成员，除了孙启银外，还有一位基础研究的博士和一位放射物理学专家。而作为核心中的核心，孙启银认为自己的角色更像一个坚持者。每当项目出现难关和迷茫的时候，他会鼓励大家不畏艰险，继续坚持下去。每次有了好点子，他都会说出来和大家分享，科研成果发表文章，他也会把自己的名字放在第二甚至第三作者。

孙启银将大基医疗的"A45 治疗"方法推荐给苏州大学附属肿瘤医院，延长了近两千例病人的生命。

这些病人大多是经过一段时间的放化疗失败或又见复发、转移的 IV 期病人。令他欣慰的是，接受"A45 治疗"的非小细胞肺癌患者一年生存率由国际上 28% 提高到 78%，二年生存率由国际上 7% 提高到 53%。

并行不悖，细胞功能学诊断也是他一直以来探索的方向，目前已经积累了两万多例图像学分析资料。孙启银和他的团队发明皮摩尔级的检测技术，根据数量化的比对性，诊断个体脏器功能和亚健康程度，将人体亚健康的状态用"数字化"形式呈现出来。

他们可以用葡萄糖检测细胞功能状况，鉴别二型糖尿病症，用骨髓、胸腺和脾脏功能数据鉴别肝癌疾病。该技术为亚健康诊断和治疗提供国际上唯一科学化、分子影像化、精确量化的诊断数据。不用等到病人病发，而是提前 2 年至 3 年帮患者找到健康问题症结所在，并提出改进膳食等配套解决方案，做到疾病的早诊断、早治疗、早康复。

未来 5 到 10 年，孙启银还计划用形成系列的颠覆性医疗方法，填补人类医学治疗领域中的一些空白，特别是心血管疾病、癌症和感染性疾病这 3 类占世界医疗费用 50% 以上的疾病的诊断治疗技术。

一路走来，孙启银先后组织并参与 863、支撑计划等国家级科技项目 6 项；获国家科技进步二等奖 1 项，省部级科技奖 7

次；在核心期刊发表论文31篇，主编医学专著3部，在申请专利135项，授权专利116项。

在发展的路上，大基医疗一直得到亦庄各级领导的关心和支持，2016年6月30日，在北京市大兴区委书记、北京经济技术开发区工委书记谈绪祥的带领下，新区各级领导一行120人到访大基医疗，详细询问了公司在发展过程中遇到的困难和期待的帮助，并从各自负责板块对公司发展提出了具体意见和建议，表示尽最大努力支持、帮助大基医疗的发展。

2016年10月，他那上小学三年级的孙子写了人生第一篇作文，题目就是《我的爷爷》。

孙启银看得热泪盈眶。

文中这样写道：我的爷爷办了很多公司，有的在美国，有的在瑞典，还有的在北京。在公司里我爷爷自己定工资，但他把自己的工资定得比请来的专家还要低。他见过习总书记，还和他握过手。我为我的爷爷感到骄傲……

企业家感言

为人类健康事业而不懈奋斗

从做医生到办医院，从教书育人到研发推广医疗设备，60余年的起落人生中，我从未放弃过“医者”这个身份，因为在心灵深处，我真的非常热爱医学事业。通过做医疗服务从淄博走向全国，又通过做医疗设备从北京走向世界，在漫漫长路上，虽然也经历了许多困难和磨难，有过迷茫，也有过沮丧，但是如果重新再来一次，我依然会选择坚持。

自从走进医学这个神圣的殿堂，我就决心竭尽全力去除人类之病痛，不辞艰辛，执着追求。在多年的从业生涯中，每当攻克一例疾病，或者发明出一种新的治疗方法，我都会从中获得快乐和满足。我想，能够一辈子从事医疗健康事业，为患者解除痛苦，是一件幸福的事。正如孙思邈所言“凡大医治病，必当安神定志，无欲无求，先发大慈恻隐之心，誓愿普救含灵之苦”，我愿为人类健康事业而终生不懈奋斗！

赵彤：

日本 SMC 的中国掌门人

企业家小传

赵彤，毕业于哈尔滨工业大学动力系并留校任教，分获哈工大硕士、日本东京工业大学博士学位，是哈尔滨工业大学第一批博士后，曾任日本SMC筑波技术中心客座教授。回国后，任北京理工大学教授、教研室主任。1994年起任SMC中国公司总经理，同时兼任北京经济技术开发区产业发展顾问、企业协会副会长、科协副主席、北京联合大学机械学院名誉院长、北京高等职业技术研究会副会长。先后获国家教委、省市教委“优秀留学回国人员”光荣称号，北京市首届优秀创业企业家、北京市劳动模范、全国机械行业优秀企业家、优秀回国留学生创业企业家等荣誉称号，受邀参加六十周年国庆观礼。

2014年9月，赵彤（右）与集团公司总裁高田芳行会长（左）在SMC北京工厂SMC中国公司成立20周年大会上。

1994 年夏天，站在北京亦庄唯一一条干道上，看着道路两旁的大片农田，赵彤脑中勾勒着 SMC 中国工厂的模样。

43 岁的赵彤没有想到，自己将在不惑之年与人生中最重要的转折点不期而遇。

自那一年起，赵彤就需要平衡两种身份，对接两个事业。

他一边是北京理工大学教授，担负着教书育人的职责；另一边是 SMC（中国）公司的总经理——当年北京外资企业中第一位中国国籍负责人。

然后，他在 20 多年后发现，自己从未偏离心中的方向。

每个“没想到”都是转折点

“我在北京念初中的时候，没想到会下乡插队；在黑土地上干农活时，没想到能上大学；上大学时，没想到能念研究生；研究生毕业后，没想到能出国留学；留日归国，没想到能进博士后流动站。”1988 年 12 月，哈尔滨工业大学校刊刊载了一篇采访赵彤的文章，文章开头便是赵彤这段心里话。

时年，赵彤 37 岁，刚刚晋升了副教授，正是春风得意的时候。在总结了人生几个“没想到”之后，他在文章中说，“不管周围环境如何，不管别人怎样评说，首先要相信自己。”这样，机会到来之时才能紧紧抓住它。

1951 年，北京的冬天干燥而寒冷。王府井对过的台基厂，老赵家迎来了家中长子——赵彤。父母都是干部、知识分子，在此后的40多年里，赵彤的师长和朋友都认为，无论是个人气质还是学习能力，最适合赵彤的职业就是做学问。但是“没想到”，刚刚上了初二，不满17岁的赵彤就放下课本，告别父母，上山下乡，在山西和黑龙江的土地上度过了5年青春。

从城市走向农村，从学生变成农民，当然苦。在山西，最大的苦处就是饿；在黑龙江，地冻天寒是最大的考验，零下三四十度的严寒常常让暴露出来的耳朵、鼻子冻伤。但这些对于那一代年轻人来说，身体上的苦未必是真的苦，生活的坎坷与磨炼，犹如精神世界的洗涤，在这一代人心中刻下了深深的烙印。

“我不属于这里。”赵彤千百次地对自己说。面朝黑土背朝天，赵彤已经成为熟练劳作的农民，但随着时间一天天过去，身边的同学、伙伴各有各的出路和选择，自己将向哪里去？又应该向哪里去？成为赵彤日夜拷问自己的问题。他让家里将初中课本和高中课本寄到知青点，白天种地，晚上训练，深夜时分再打开课本，复习、自学。

不知道未来的方向，但是学习总不会错。赵彤将“学习”变成了他插队生活中的乐趣，满足与追求。

劳作一天后的学习，并不容易。一条大通炕，赵彤只拥有其中一个铺位。为了不打扰别人，每天夜里，赵彤都趴在被窝里，手肘支在炕上，油灯放在炕沿儿，翻开已经陌生的书本。有一年回家探亲，母亲摸着他的手肘，觉得奇怪，“手上的茧子是干活磨的，手指的茧子是写字磨的，你胳膊肘上的茧子怎么来的？”赵彤没在意，把自己的学习情况说了，哪知道，母亲的眼泪一下子就流了下来。年轻人为了追求不觉得苦，可当妈的怎会不心疼？

就在赵彤感到前途渺茫，人生重要的转折点悄然来临。1973年，中央提出要恢复大学考试招生工作，招收工农兵学员。这对

1987年，赵彤（右）荣获东京工业大学手岛精一研究奖，与妻子在手岛精一雕像前。

“白天烈日下扶犁，晚上油灯下苦读”的赵彤来说，无疑看到了一线希望。他虽然仓促上阵，但从那一年起，大学之门终于陆续向他敞开——从拿到哈尔滨工业大学入学通知书的那天起，赵彤的人生开始走上正轨，一个又一个“没想到”接踵而来。

1978年，赵彤考上了恢复招考后第一届硕士研究生；1982年的春天，赵彤通过了向西方国家选派留学生的全国选拔考试，踏上了留学日本的道路；1987年，他在日本东京工业大学完成了学业，取得博士学位。在日本，赵彤学习、工作都很玩命，觉得国家选派几百人出来很不容易，必须珍惜机会。更重要的是，那个年代的留学生还别有一番豪情。中国刚刚改革开放，中国的年轻人刚刚出现在西方先进国家，一个非常朴实的想法就是要在学业上争口气。这口气，赵彤争到了。1987，赵彤获得了日本机械学会的研究奖和日本东京工业大学的手岛精一研究奖，这是第一次有中国人获得这两个奖项。

回国后，赵彤回到母校哈尔滨工业大学，进入博士后流动站，开始了按部就班、教书育人的生活。然而，更大的转折点正在不远处等待着他。

勇于奔向未知的方向

“机会总是留给有准备的人。”因为一次次抓住转瞬即逝的机会，赵彤对此深信不疑。然而，相比于人生中的许多机会，赵彤转身SMC的良机并非特别珍贵——起码当时未见有必须抓住的理由——却恰恰再一次改变了他前行的道路，甚至为“赵彤”这个人以及这段人生，打上了永久性的“标签”。

37岁、38岁，回国前两年，赵彤连上副教授、教授两个台阶，成为当时学界少有的青年才俊。同一时期，作为一家生产气动元件的跨国公司，日本SMC公司也在推动与中国高等院校产学研合作的步伐。1989年，SMC与清华大学通过学者互访，开始了与中国理工科大学的国际化产学研合作。1993年，先后在哈尔滨工业大学、北京理工大学、清华大学建立了SMC气动技术中心，通过设立奖学金和合作研究，培养了大批高层次专业人才；无偿赠送最先进的实验设备，提供经费和课题，一大批行业优秀人才因此在中国的土地上迅速成长。正是在高等学校的实验室里，赵彤与SMC结缘，SMC（中国）也成为十分罕见的、从中国理工科大学研究室走出来的中国外资企业。

通过长期与中国大学的交流，SMC对中国也开始了解。1994年，SMC与其他外资企业一样，有了到中国创建企业的想法。总裁高田芳行委托认识的各位大学老师做些投资环境的调查和建立公司的可行性研究。赵彤怀着帮忙的想法，从市场调查入手，利用寒暑假的时间了解中国的市场情况、政策、投资环境，做可行性报告和分析规划SMC在中国的前景，最后建议SMC落子北京亦庄。当公司决定要在中国投资，首先便询问了赵彤的想法——是否能暂时兼任公司的总经理？

对此，北京理工大学表示支持，将研究室的科研成果产业化，将科研从研究室延伸至企业一线，建立一个真正意义上的产学合作平台。但对赵彤个人来说，这个决定并不好做。那时的赵彤在学界正意气风发。他在北京理工大学任教，和同事们开展了国际前沿课题研究，不但担任学校第四届学术委员会委员、机械学科评议组副组长、教研室主任，还是国务院特殊津贴获得者。一个有着光明前途的学者另起炉灶、下海经商？听起来总不像回事。

师长、朋友都连连摇头，劝赵彤别干傻事。惯常严厉的父亲也十分反对。话不直说，只是反复告诫，“你可要想好了。”见赵彤一再坚持，才撂下句重话，“我们老赵家五代没出过商人！”

只是去经商吗？赵彤并不这么看。搞科研多年，他深知研究室里出成果的“短板”——难以产业化、难以市场化、难以直接对社会产生影响。而SMC已经与高校搭建了良好的产学研结合平台，通过大学和企业之间的合作，既发展了企业，又培养了人才，更促进了理工科院校的基础性研究，意义深远而重大。

有同样看法的不只是赵彤。1997年，SMC（中国）公司的工厂落成，开始生产。开业当天，清华大学、北京理工大学、哈尔滨工业大学等高校的12位正副校长前来祝贺，中国科学院院长路甬祥写下了“产学结合、发展经济”的题词，对 SMC（中国）的成长，寄予了希望。

于是，赵彤转身企业，投入到竞争激烈的市场。创业初期，员工们都称呼赵彤“赵老师”，而非“赵总”；听到员工父母感叹孩子在企业的成长，他总是倍感欣慰；一大批气动行业的专业人才在研究室里、在工厂中成长起来……20 年多过去了，SMC（中国）的产学结合之路越走越宽。

是企业家，也是教师，这是赵彤始终担在肩上的两种身份，但在他的心里，教师的烙印更加深刻。他常说，教书育人是他骨子里面的东西，“学校是培养研究型、高技术人才，但是企业也会是很好的学校，各个层次、各个方面的人才都能在这里成长、蜕变。这是企业的需要，也是企业的社会责任。”

让 SMC（中国）立于世界潮头

1998 年，《北京日报》在头版头条刊登了这样一则消息：“百分之百的外资企业，百分之百的中国人管理，北京经济技术开发区里的 SMC 使我国的气动元件生产一步跨入世界一流。”赵彤看到这篇报道，首先感到的就是压力，“这是江东父老对我们的期望。”他开始思索 SMC（中国）公司存在的意义。

“没有全球竞争力，中国工厂就没有存在的意义。”赵彤对自己也对员工这样说，“没有说谁对中国印象好，就要在中国发展事业。而是在中国投资建厂，不管是产品质量、生产成本还是交货周期，在全球竞争中都有不可比拟的竞争力，企业才有强大生命力，公司才会在中国不断扩大投资和建设规模。我们要有志气，努力做到最好！”

那是个创业的火红年代。SMC（中国）落户亦庄，事业发端的一切都面临重重困难。当时北京经济技术开发区管委会的领导公开说，“SMC 的赵彤是我们知道的北京第一个外资企业的中国老板，我们要帮他一把，证明中国人能管理好一家现代化企业！”

这句话，赵彤一直记着，每当想起心里都热乎乎。管委会这么说，也真的这么做，把企业的事当作自己的事。建厂初期，赵彤不懂基建工程，管委会就调动他们的基建团队帮忙；所有企业注册需要的手续，各职能部门都热情相助；赵彤他们找不到吃饭的地方，公司来了客人，就直接带到管委会的食堂去请客。今天的亦庄，街道繁华、城市喧嚣，面目已经大不一样。但在赵彤心里，留下的是宝贵的记忆和深厚的感情。

带着别样的情怀，赵彤带领下的 SMC（中国）公司从无到有，在一片耕地上建起了现代化企业。如今，其注册资金已达 5 亿美元，占地面积 52 万平方米，在北京先后建立了 4 个现代化的工厂、研发中心、物流中心，并在全国 72 个城市建立了营业网点，形成了以北京、上海、广州为中心的全国服务体系。现在职工人数是 4400 多人。

SMC（中国）公司从日本引进了当今世界同行业最精锐的自动化生产设备。赵彤形象地称之为“将先进的日本生产工厂彻底地连根从日本搬到了中国”。经过几年的努力，SMC MADE IN CHINA 的产品直接出口全球 55 个国家和地区。SMC 中国研发中心的成立，使 SMC 在全球集团的研究开发体系形成了和北美技术中心、日本技术中心、欧洲技术中心并列的四大研发中心。SMC（中国）的事业欣欣向荣、蒸蒸日上。从投资额看，1994 年只是 2000 万美元的起步，如今已是增加了 24 倍。SMC 中国工厂产品的出口量在最近的 10 年间增加了 35 倍，而在中国国内的销售，最近的 10 年增长了 43 倍。在国际化产学合作的平台上，稳健经营、稳步成长起来的SMC（中国），从创业至今一直得到各级政府的充分肯定和社会的广泛关注,成为行业的领军企业，在实现中国制造2025目标的进程中发挥着越来越大的作用。

日本SMC总裁高田芳行曾对从中国赴日本的考察团说，今后如果想考察世界先进的气动技术与生产工艺，只要去位于北京经济技术开发区的SMC北京工厂就行了。

SMC（中国）真的站立于世界潮头!

做想做的事情最幸运最幸福

“行板”，是音乐速度的术语，每分钟大约66拍，出自意大利语，原意为“行路”，演绎在音乐中，则体现为“徐步而行”的速度。听赵彤讲述他的人生，就仿佛在听一曲行板，罕有急转直下或者直上的惊心动魄，但却始终在不断前行中积聚“转折”和“攀登”的力量，前行的每一步足音都透着坚定。

“哥哥，你就是受累的命。”妹妹比赵彤小11岁，对赵彤的忙碌生活有些抱怨。但赵彤却在自己不断前行的生活中，找到了人生的意义。

人生总是很坎坷的，很少有人能够预料自己将会遇到的事情。但唯有一点是非常重要的，那就是，人的一生对事业的追求应该是无止境的，有挑战才有动力，否则就是简单的重复，有什么意思呢？有什么可满足的呢？

赵彤总是乐于征服挑战，再去迎接新的挑战。哪怕是在日常生活，他也会下意识地寻找有挑战性的事情。如果和妹妹分工，一定是妹妹刷碗赵彤做饭。因为做饭总有未知性，做好了能积累经验，做不好也能总结失误，争取新的挑战。但是刷碗就是刷碗，其结果只是刷得干净。

身为学者看企业，赵彤有自己的见解：很多人说，企业的天性就是追求利润，他不反对。但只把追求利润作为企业经营的目的，企业也没有长远发展的后劲。企业的经营者应该更加关注如何让产品和技术在社会上体现出价值。只有为社会、为客户带来价值，利润才能成为达到目的之后的结果。只追求利润的企业家，可能很成功，但是他不佩服。国家还是更需要脚踏实地、为社会创造财富与价值的企业家。技术立国、实业强国。

2016 年已是 65 岁的赵彤，跟以前相比，如今的生活轻松很多。创业之后的十几年，他是早 7 点忙到晚 7 点，一周只休息一天；现在他有时间游泳打球，能将周六周日休满。

能用更多时间陪伴家人，对赵彤来说是很重要的事情。他从小学就开始寄宿，后来又上山下乡、在外求学，想家的思绪总是围绕着他，但事业却推着他向前走，停不下。

第一次看见女儿，女儿已经 2 岁了，对常在照片中看到的爸爸十分陌生，如今女儿大了，他会拉着她说以前的故事，既感亲切、又感内疚；老父亲已经去世，带着对赵彤事业的深深认同；近 90 岁的老母亲依然挂心儿子的身体，时不时总要叮嘱……

对于今后的生活，赵彤心里十分有数。长江后浪推前浪，青出于蓝胜于蓝，必须做好新老交替的过程。他正有意识地将年轻人推到前面，承担更重要的任务。

时至今日，赵彤是 SMC（中国）的领头人，也依然是北京理工大学的教授。

他就是这样，将两条看似截然不同的道路，踏踏实实地走成了一条通天大道。

“年轻时，我喜欢浩瀚的大海，拥抱广阔的蓝天。而今日，我喜欢寂静的林间小路，踏着落叶，回忆那些值得留恋、回味的往事。青春无悔，我们这一代，没有虚度年华，一直敬仰、跟随着共和国的前辈……"

赵彤这样写道，他的初心从未更改。

企业家感言

谨慎择业、矢志不渝

一个人无论走怎样的道路，首先要学会做人。我对我们的员工会要求8个字："诚实、正直、勤奋、向上。"诚实、正直，是强调人的品德，这很重要，你想成才、成功就必须要有好的人品；勤奋，说的是一种精神，人生没有捷径可走，无论走哪一步都要脚踏实地；向上，指的是一种积极的心态，人生不可能一帆风顺，但不管遇到什么样的困难，不要发牢骚、不要怨声载道、不去埋怨自己生不逢时，保持积极的心态才能有所作为。其次，在成长的道路上，一定要有每个阶段的目标，有勇气面对新的挑战。世界上有幸运的人，但没有只有幸运、没有努力的人。另外，要敢于创新，去追逐成功的喜悦。人生的成功没有捷径可走，社会的繁荣必须有一批脚踏实地的人去创造财富。谨慎择业、矢志不渝。没有坚韧的毅力，缺少工作的激情与热情，难与同事合作，将很难成就一番事业。

陈宏良：
让百年奔驰“服水服土”

企业家小传

陈宏良，毕业于北京航空学院机械制造系，航空宇航制造专业工学硕士，研究员级高级工程师。曾担任南京依维柯汽车有限公司车身厂副厂长、采购部部长、总装厂厂长、副总经理、党委副书记等职；后担任北京汽车工业控股有限责任公司乘用车事业部副总经理、北汽股份株洲分公司总经理、北汽股份执行副总裁，兼任中国汽车工业协会常务理事、北京汽车行业协会副会长等职。现任北京奔驰党委书记、高级执行副总裁。北汽股份党委委员和专务副总裁。2011 年北汽集团首批“优秀创新人才”，2016 年被评为“亦麒麟首届亦庄新创工程高端产业领军人才”。

2015 年，陈宏良在北京奔驰成立十周年纪念日拍照留念。

100万辆！

整车！

从0到1，从1到100，再从100到100万！

这是量变到质变的最强音符！

2016年11月17日，北京奔驰第100万辆整车下线仪式在北京经济技术开发区举行。

总装车间里，洋溢着一种喜悦和自豪。

面对员工代表，北京奔驰汽车有限公司党委书记、高级执行副总裁陈宏良感慨道：“百万辆，对于北京奔驰而言，就像是一个成年礼，代表着在平台、产品、质量、技术、工艺等各个层面的成熟。现在，我有幸和在座各位朋友一起见证这一时刻，满心欢喜。”

是的，仅仅执掌北京奔驰第3个年头，北京奔驰的年生产能力就从不足12万辆达到28万辆，而这也是对陈宏良职业生涯第3个10年的最好敬礼——30年前，初入社会的陈宏良顶着“天之骄子”的头衔在车间埋头苦干。

谁又能想到，时间是如此不在乎长短，却给了两者成就彼此的机会？

真是应了那句“何其有幸”！

放弃高精尖下“厂”　想当总工就从零做起

明明是个“将军”胚子，却要从最底层的技术员做起。陈宏良的职业起步就这么与众不同。

1988年，陈宏良从我国航空航天事业的人才摇篮基地——北京航空航天大学研究生毕业，专业航空宇航制造。毕业后，陈宏良居然没有选择专业对口、人才稀缺的航空航天科研机构，而是去了南京汽车厂——在冲压车间做一名最普通的技术员。这在当时简直是一件不敢想的事情。要知道，20世纪80年代的大学生都是凤毛麟角的人才，更不要说研究生了。

回想起当时的选择，陈宏良就是想在企业做一名总工程师，并决心从基层做起。

就这么一个追求，陈宏良在冲压车间技术员的岗位上默默无闻地干了3年，也做了3年的“熟练工”——对每一个零件的生产工艺如数家珍。正当他准备在技术领域深入钻研之际，机会悄然而至，冲压车间主任岗位空缺，临危受命，陈宏良赶鸭子上架成了车间副主任，负责主持日常生产工作。

位子还没坐稳，挑战就随之而来。按照要求，冲压车间每天需要完成几千个零配件生产，可是一天下来，工人们完成配件的数量不足规定数量的三分之二。完不成工作的理由更是五花八门：设备坏了、模具坏了、人不齐……冲压是汽车生产的第一道工序，如果冲压车间产量不足，会直接影响到焊装车间的工作进度，进而导致全厂停工。

办法都是人想的，陈宏良不得不重新审视车间的一百多号工人和这种“吃大锅饭”的工作方式。摸底调查了3个月，陈宏良决定釜底抽薪、直接取消基本工资，根据车间的生产任务采取奖金激励制度、多劳多得。

一石激起千层浪。告状的、消极怠工的、联合几个人要关起门来"教训"人的，什么阵仗都冲着陈宏良过来。不过，陈宏良硬是扛了下来，还直接开除了一名整天磨洋工的工人。

终于，新的考核体制顺利推开，工人的工作积极性或主动或被动地调动起来，整个车间的工作效率也有了大幅提高。9个月后，冲压车间成了全工厂的标杆。以前老挨批评的冲压车间还上了报，被《中国汽车报》当作典型案例重点报道，点名表扬。

从1991年9月8日上任到1994年9月8日离开，陈宏良在冲压车间主任的位子上又干了3年。这3年，陈宏良带领冲压车间从落后转变成了先进：车间工人们的效率上去了，收入上去了，车间生产任务保质保量按时完成了，休息时间大幅提高了。这些在当年的老国企里都是不可想象的。

从合作到合资　管理也不是件容易的事

1993年，国家高速公路建设提速，汽车市场随之发生巨变——以短途运输和通勤为主要用途的轻型客车成了市场上的热销产品。而南京汽车厂与意大利公司合作生产的轻型客车——依维柯则是那个年代最闪耀的明星车，走遍大江南北，开进了县城和乡村，创造了轻型客车的销售市场神话。看到中国汽车市场的巨大潜力，1996年中意合资的南京依维柯汽车有限公司正式揭牌投入生产。陈宏良被任命为车身厂副厂长，主管技术质量系统。

从合作到合资，一字之差，却有着完全不同的意义。那时候，陈宏良对合资企业的认识很朦胧，虽然有向往，但还有一些畏惧。

合资企业是个"新东西"，初入企业的中方管理层和外方管理层都摸索着前进。中方缺乏轿车、轻型客车的生产经营经验，外方缺乏对中国市场现状、行业生产的实质性了解，双方在生产经营活动中摩擦不断——讨论、研究、争论……

从 1996 年到 2008 年，陈宏良一路从车身厂副厂长"争论"到采购部长、总装厂厂长、公司副总经理，经历了数百次的研究、争论、妥协、合作，终于让他掌握了解决中外管理层意见分歧、管理合资企业的诀窍。这为他以后在中德合资企业——北京奔驰的工作打下了坚实的基础。

他相信，再怎么争再怎么争论，大家也都是为了把企业做好、把企业做强、让中外合资做扎实了。

在和外方管理层的多次交锋中，陈宏良的确发现了中国企业对"制度"的忽略，企业缺乏规范性的问题在生产经营上表现明显。为此，陈宏良着手加快规范企业管理制度，让一切有章可循。

1997 年陈宏良多方"偷师"，开始建设企业的质量体系和

2015 年，陈宏良在北京奔驰办公室接受媒体采访。

管理标准，将设计、研发、生产制造、采购、销售、客户服务等汽车生产经营一切流程统统规范在质量标准体系中。

作为项目负责人，如何将这一质量体系和管理标准落到实处又让陈宏良伤透脑筋。面对级别更高、资历更老的各个分厂的厂长、工程师，陈宏良一视同仁、奖惩分明，在与公司总经理多次沟通后，陈宏良把每个部门的一把手都请到一起，就贯标情况进行点评，好就是好，不好就是不好、绝不隐瞒。最终，这一企业质量体系和管理标准在陈宏良的强势推进下得以顺利执行。

之后的几年，公司先后通过了 GB/T19001、ISO/TS16949、GJB9001A、GB/T14001、GB/T18001、CCC 等国家、行业、军用等管理体系认证及产品认证，形成质量、环境、职业健康安全管理保证体系,成为国内最早具有独立研发能力的轻型商用车公司。

那段时间对陈宏良来说，就像凤凰涅槃。有了建设质量管理体系的经历，他对管理好一个汽车企业更有信心了。

一次离开　一条生产线的从无到有

留下，好机会；离开，可能是更好的机会。

这是一个放在陈宏良面前的问题。

2007 年，南京汽车集团有限公司与上海汽车集团有限公司成功签约，资产整合后的新南汽将成为上汽集团的全资子公司。按照正常程序，陈宏良将进入上汽集团，成为收入稳定的中高层管理者。但刚刚进入职场第 3 个 10 年头的他，选择离开工作了 21 年的南汽，加盟北京汽车工业控股有限责任公司。

陈宏良认为去北汽会有更多的机会去实现他的自我价值。

2009 年，陈宏良加盟来到北汽，出任北京汽车工业控股有限责任公司乘用车事业部副总经理，负责在湖南株洲建立一条全新的自主品牌乘用车生产线。

当时，一线市场被一汽奔腾、东风风神占据；二三线城市有吉利、奇瑞、长安等专攻自主品牌车企，市场看似大局已定。北汽选择进入国产自主品牌乘用车市场的时机并不被人看好，特别是还选择在株洲这一没有汽车工业基础的地区设立生产线，大胆之余也备受质疑。

从一块刚刚被平整过的土地到建设落成自主品牌乘用车生产线，陈宏良带领团队只花了 18 个月。

2010 年 12 月 26 日，北京汽车首款自主品牌乘用车 BC301Z 在株洲基地下线，拉开了北汽集团自主品牌"来得晚、站得稳、干得猛"(北汽集团董事长徐和谊给予的 9 字评价)的序幕。此后，北汽 E150、E200、绅宝等多款车型相继成了市场上的抢手货。作为北京汽车自主品牌乘用车首个战略基地，株洲基地意义非凡。带头人陈宏良感慨道，这是北汽发展史中应该被认可的一笔财富。

而北汽"奋力拼搏、团结协作、知难而进、志在必得"的精神也在株洲落地生根。2016 年 11 月 8 日，曾任株洲市市长、湖南省省长，现任全国政协经济委员会主任的周伯华来到株洲考察，在实地详细了解北汽集团株洲分公司的汽车生产工艺、产品及规划后，连说了 3 个"好"字，并表示：是北汽，圆了株洲人的汽车梦。

The best or nothing 寻找豪华"车标"下的意义

2005 年，在亦庄开发区管委会的推动下，北京奔驰落户开发区。这是一家由北京汽车股份有限公司与戴姆勒股份公司、戴姆勒大中华区投资有限公司共同投资，集研发、发动机与整车生产、销售与售后服务为一体的中德合资企业。梅赛德斯－奔驰这一全球品牌打上了亦庄造的标签。

然而，这个“混血儿”水土不服得厉害。在很长一段时间里，北京奔驰与竞争对手华晨宝马和一汽奥迪的销量比是1：2：3。也就是说北京奔驰每销售1辆汽车，华晨宝马能卖出2辆、一汽奥迪就能卖出3辆。

数年来，受制于极为有限的引进车型，北京奔驰迟迟打不开市场，公司盈利情况一直不乐观。2014年初陈宏良接手时，北京奔驰似乎成了一个“合资企业中被遗忘的角落”。这位在合资汽车领域有着多年管理经验的企业家，出任北京奔驰党委书记、高级执行副总裁。成了这家豪华车企的掌舵人。陈宏良的到来，承载着北汽集团对他的期望，“用五年的时间把北京奔驰建成走向世界的、国际化的中国高端乘用车的标杆企业。”

然而，走马上任后，陈宏良什么都没干，首先问了北京奔驰所有人一个问题：“除了‘奔驰’这个车标，我们还有什么？我们能给用户提供什么？”只有考虑清楚这个，北京奔驰才能有之后的发展，这也才形成了现在北京奔驰的“创业行达、责任经营、唯有最好、精益管理”16字核心竞争力。

经验告诉陈宏良，先从丰富产品线做起，这是改革的第一步，也是最有把握的一步。2014年投产全新长轴距C级车，2015年投产GLA SUV和GLC SUV，2016年又投产全新长轴距E级车，北京奔驰对市场的反应越来越敏感，也越来越快。同时，北京奔驰不仅争取与欧美同步，引进最新、最好的车型，还坚持“中国制造，专属中国”，比如其为中国市场量身定制的长轴距车型E级车和C级车，这在欧美市场上是看不到的。

众所周知，德国人向来以严谨、精细著称，从骨子里注重流程设计与执行。要想把梅赛德斯－奔驰“The best or nothing”

的精髓学到手，北京奔驰就必须制定出不同于中国企业的、极为苛刻的流程标准，还要一丝不苟的执行。为此，陈宏良对内强调岗位责任，明确每一个步骤的制定和执行均有专人负责，每一个人都必须为他 / 她的工作负起责、负好责。

他们通过流程管理，要求每一件事都做到最好。不能说事情完成就好，要看质量怎么样，花了多少成本。

不仅如此，陈宏良更懂得尊重人才、培养人才，对企业的团队建设也从未松懈。表面上能看到的生产线、工艺设备、产品当然重要，看不见的人才、团队更重要。为了留住人才、稳定团队，陈宏良善用各种激励机制，还为他们提供更优质更广阔的生存发展空间，物有所用、人尽其能。

可能是和自己最开始的技术梦想有关，陈宏良特别关注技术人才的发展。赵郁，从普通装配工成长起来的北京奔驰高级技师，第一位荣获“首席”头衔的蓝领技术工人，就在北京奔驰拥有以自己名字命名的创新工作室。在这里，人才得以孵化、技术得以传承、创意得以尊重，“赵郁”创新工作室逐步成为北京奔驰创新与人才培养的“梦工厂”。

经过北京奔驰所有人的努力，北京奔驰在市场中有了长足发展，终于找到了“奔驰”车标之下的价值。2015 年，北京奔驰产销双双突破 25 万辆，年营业收入大幅增长，同比涨幅高达 50.8%； 2016 年，北京奔驰上半年批发量达到 14.34 万辆，同比增长达到 39.2%，成为中国车市合资品牌的增长冠军。

陈宏良颇为自豪，北京奔驰已经成长为国内豪华车增长最快的一极。

1988 年，全国汽车行业销量还不足 100 万辆；现在，全国汽车行业一年的销量就多达 2000 万辆。1988 年，全国汽车市场只有卡车没有轿车、更没有合资企业；现在，光北京奔驰这一家中德合资企业就拥有多种车型，半年销售量接近 15 万辆。

不到 30 年，中国车企市场风云变幻，经历着从卡车到轻型客车再到轿车的市场变革，陈宏良每一步都走得艰难而坚实，没有之前的磨难，就难有之后的辉煌。对每一次挑战、每一个平台转换，陈宏良心怀感激。

30 年前，拥有一辆轿车，是很多人的家庭梦想；20 年前，能拥有一辆奔驰车，仍然是个遥远的梦想。10 年前，出产百万辆奔驰车，也是北京奔驰想都不敢想的梦想。但就在 2016 年的 11 月 17 日这一天，陈宏良带领的北京奔驰做到了——奔驰车，中国造！

参与见证的媒体则在后面加了三个字——亦庄品！

是的，奔驰车，中国造，亦庄品……

➢企业家感言

"修"好职场 4 个十年

我认为，一个人的职场生涯有 4 个十年。第 1 个十年是"学习"，在岗位上学，边干边学，跟师傅学、跟领导学、跟同事学，不要好高骛远，不要天天想着福利待遇，要想自己学到了什么东西；第 2 个十年是"独立担当"，大家要争取在第 2 个十年内成长起来，可以独当一面；第 3 个十年是"价值体现"，不忘初心、方得始终，最初的目标是否能实现关键看这十年；第 4 个十年是"梦幻十年"，做得好梦想成真，做得不好只能是"黄粱一梦"。

干一行、爱一行，往小了说是职业素养，往大了说是品行。

我们上大学之前，温饱都有问题，那时候学到的就是要认真做事，交给我们的事要投入 100% 的精力去做，甚至要超出预期。现在有些年轻人先想我能得到什么，得的多好好做、得的少随便做、得不到也就不想做。这差异是很大的。我工作后第 1 个十年的总收入，还没有现在一年的收入多。但如果没有前十年打好基础，就算给我现在这种高收入的职位，我也很难把握住机会。

闫励：
跨过“生死关头”的新药研发者

企业家小传

闫励，1991年-1996年在牡丹江医学院学习，获得医学学士；1996年-1998年在白求恩医科大学任助教；1998年-2001年之间，在吉林大学读硕士研究生，获得生理学硕士学位；毕业后留校任教。2003-2009年在德国鲁尔波鸿大学任助教和研究员职位，期间攻读博士学位，获得神经科学博士学位；2010年回国组建北京爱思益普生物科技股份有限公司，现任董事长；先后获北京“海聚工程”海外高层次人才、北京市特聘专家、北京经济技术开发区“亦麒麟”领军人才称号。

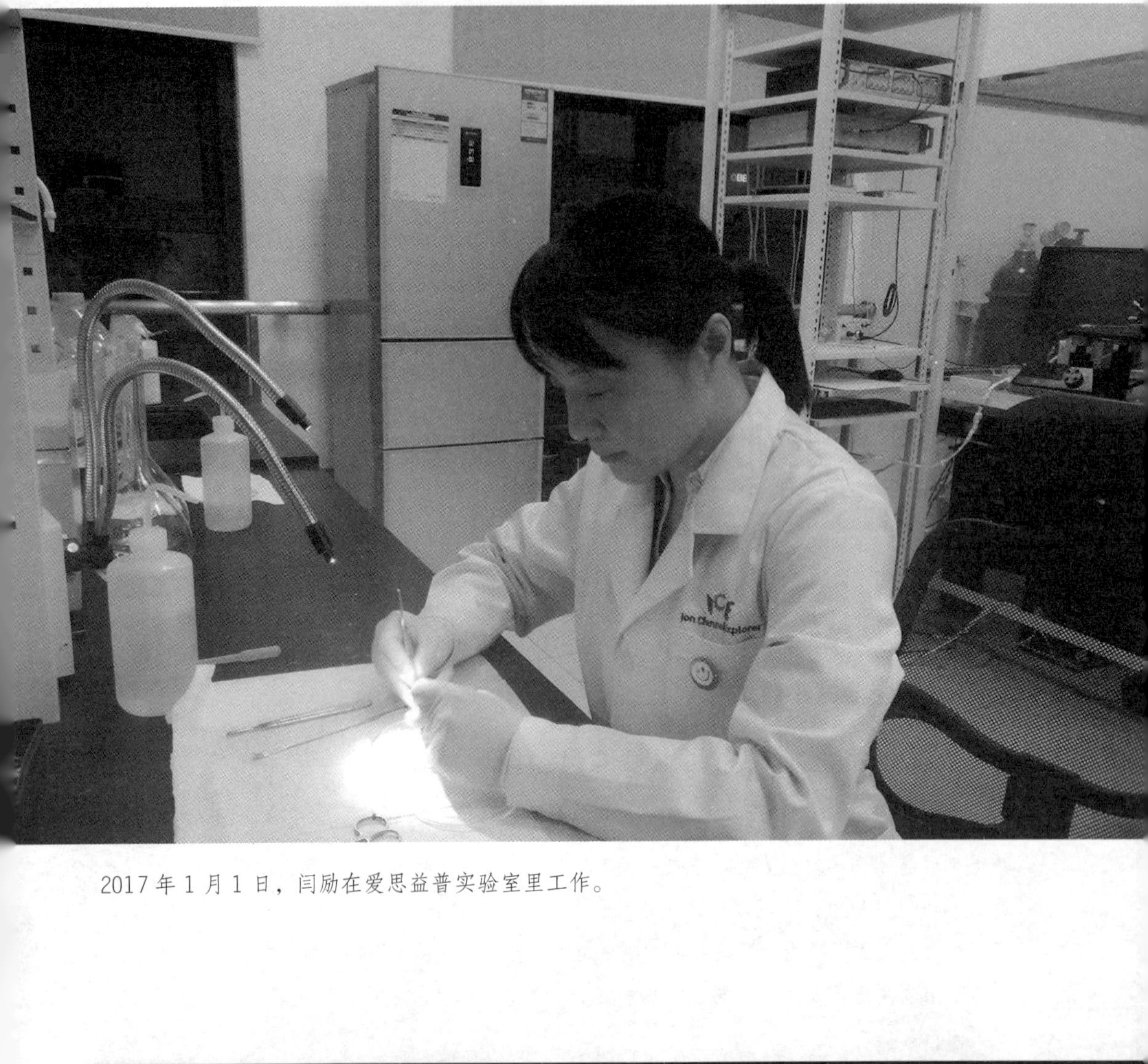

2017 年 1 月 1 日，闫励在爱思益普实验室里工作。

对闫励来说，2012 年是黑色的。

在创业的艰辛、家庭的压力、亲情的伤痛中，她艰难喘息。

那一年，闫励和丈夫李英骥创办的北京爱思益普生物科技股份有限公司，步履蹒跚地走进了第二年，烧钱如同无底洞，发展的希望却茫然不见；

那一年，他们的儿子已经 7 岁了，却始终和父母聚少离多，闫励只为孩子开过三次家长会，家中老人承担起了养育的重任；

那一年，闫励的父亲去世，这又是个突如其来的打击，作为一个学医的人、一个研究药物的人，救不了自己的亲人，捶心之痛难以言说；

……

“那一年，实在是太糟糕了。”回想当年，痛苦的记忆依然缠绕着闫励，“多年来压在心里的愧疚一下子爆发了，其实就是自己心里的坎儿过不去了。”

这道坎，真的很难迈。女儿、妻子、母亲、老板……社会赋予她的每一个角色似乎都是一个残缺的形象，每一个脚本里都是纠结的结局，闫励陷入深深的自我否定中。

幸运的是，国家的认可让闫励深深喘了口气，公司活下来了，自己也高抬脚，将那道坎迈过去了。

创业是"疯狂"的举动

站在2016年，回望2010年，闫励会对朋友自嘲说，"在那种情况下选择创业，真是太疯狂了……"

闫励所说的"那种情况"，其实并没有那么糟糕。2009年，闫励带着德国鲁尔波鸿大学神经科学博士的头衔及多年积累的离子通道类药物研发的经验和技术回国，却发现英雄无用武之地。在国外炙手可热的专业和经验，竟然无法在这片生她养她的土地上找到合适的工作。许多市场前沿的生物医药公司只是刚刚开始计划筹建相关专业，同一领域国内几乎仍属空白。在这方面，国内外的差距是巨大的。

差距，意味着就业的"错位"；差距，也让闫励看到了机会。一个念头蹦出来，"我们有技术、有经验、有能力，面对广阔的市场、很少的竞争者，为什么不自己做？"想到了，就去做，闫励与丈夫李英骥商量好创业的事情，然后迅速将开创公司的各项事宜办好落地。很快，北京爱思益普生物科技股份有限公司诞生了，业务以离子通道类药物服务外包和药物研发创新为主，东北姑娘的直爽个性可见一斑。

然而，创业这件事情，似乎是没有道理或者规律可讲的。

创业，起初的困难是说服家人。闫励和李英骥双方父母都是老一辈知识分子，怎么也想不到，儿女双双两个"洋博士"要回国吃这个苦头。说创业就创业？哪是那么容易的事情！在外漂泊了这么多年,回国就不能安安稳稳找个工作？两个人一起创业，不就是把鸡蛋都放在一个篮子里？

创业，另一个难题就是资金。2010年，公司正式运营。两人小家庭的多年积蓄拿出来了，李英骥也说服了父母，从父母那里借来了钱，筹集了200万元启动资金。可是，一台国外进口的先进设备就用了180万，平台后续建设和人员配置，处处都等着“真金白银”。

创业，最关键的还是活下来。中国尚未有真正传统意义的新药研发，他们早走了几步，结果便是举步维艰。刚开始一年多的时间，公司甚至没有什么收入。那年冬天，临近春节，李英骥到客户公司驻场工作了一个多月，成果让客户很满意。但当他从实验室出来、准备回家时，看着漫天飞雪，心中却想，“完了，年底员工的工资发不出来了。”

时光进入2012年年底，他们事业并未从根本上改观，家人亲戚能借的钱都借了，发展的希望依然渺茫。闫励反复在问自己，创业的决定是不是错了？公司是不是一定要结束？眼前的这个烂摊子要怎么收拾？

身陷困境，闫励和李英骥的压力都太大，沟通也少，甚至觉得没有力气说话。公司账上已经无钱可用，未来的出路不知道在哪里……向来倔强的闫励也不得不服了软，想，“到年底，大家吃个散伙饭吧！”后来才知道，李英骥虽然嘴上没说，可心中竟也是这么想的。

现实令人悲观，逼得人不得不对困难退让；但现实也会令人振奋，鼓舞人披荆斩棘继续坚持。就在他们走投无路时，李英骥接到了一个意外的电话。他们向国家申请的一个经费批下来了，一下子拨了40万，真可谓雪中送炭！

40万元，对当时的闫励来说，一个最直接的帮助就是可以为员工发工资了，甚至公司能再活一段时间了。如今来看，这不仅仅是金钱本身的价值，还有国家对爱思益普研究方向的肯定和支持，这对闫励和李英骥的事业来说，更具意义。

古人有话，“大难不死，必有后福”。跨过了“生死关头”的爱思益普，先后建立了完整的电生理学新药研发平台，高通量药物筛选平台和细胞系构建培养平台，并且通过自身研发，成功构建70余种离子通道稳定表达的细胞模型，是目前国内最大的离子通道细胞库，已经达到了世界一流的技术水平。

"我们是最亲密的战友"

与大多数创业者不同，爱思益普的老板有两位，是夫妻。无论经历怎样的风雨，闫励和李英骥都能携手共度。

董事长和总经理，夫妻俩为何这么分工？

李英骥性格比较内向，直接让贤，对闫励说，"与人打交道的事情，还是你来做吧！"但闫励也时常为丈夫"正名"，其实，公司拍板的事情，基本都是李英骥。

因为这种分工，凡是同时提到闫励和李英骥的场合，妻子的名字都会被放在丈夫的名字前面。对此，李英骥没说过什么，闫励也没有仔细想过，他们心中明了，"我们是一体的，我们是最亲密的战友。"

2001年结婚，李英骥和闫励喜结连理，2002年，闫励就出国留学了。

出国留学，是闫励对自己人生的重要规划。她先是得到了耶鲁大学的通知书，后又得到德国鲁尔波鸿大学伸出的橄榄枝。对于闫励的"折腾"，李英骥静观其变、乐见其成，很有自信，反正闫励到哪里，他都能跟着去。

果然，闫励2002年留学德国，师从德国著名神经科学家、德国神经科学学会主席Ulf Eysel教授，开始专攻神经电生理学及药理学技术与理论方面,并且从事疼痛和阿尔茨海默病的研究。李英骥在2003年也申请到了德国吉森大学的位置，专注心血管电生理及药理学。遗憾的是，两人的大学不在一个城市，在德国依然过着候鸟般的相聚生活。

表面上看，闫励的留学生活很苦。一般是早上 8 点到实验室，晚上 8 点才出来，有时候还会做到半夜。每天做末班车回家，经常在车上睡着了、坐过站。但是闫励看来，其实都不算苦。做实验很让人着迷，在实验室里，她甚至感受不到时间的流逝，不知道白天黑夜。

然而，如此满负荷工作，闫励的实验数据出得很快，这让导师和同事很不适应。他们并不理解中国学生的勤奋，导师会担

2006 年 3 月，闫励（左）与丈夫李英骥（右）和四个月大的儿子在罗马。

心实验数据的成色，同事有了比较也很有压力。聪明的闫励在悄悄改变，也在充分享受实验室的工作。研究出了成果，心中会有巨大的喜悦，科研的魅力正在于此。

2005 年，闫励惊喜地发现自己怀孕了，孩子的出生加速了她回国的步伐。从出国，到回国，再到创业，似乎做决定的都是闫励，但对闫励来说，最重要的是李英骥和她坚定地站在一起。生活、学习、工作，李英骥都很尊重闫励的选择，闫励想做什么他都很支持。

恩爱夫妻不是没有分歧，最大冲突还是在公司管理上。两人都是科研出身，在学术上的分歧很好解决，丁是丁、卯是卯。但在公司运营中就不一样了，很多事情分不清对错。公司安排、人员使用、细节处理……他们都会有自己的想法。一开始是打嘴仗，一个人声音大，另一个退让了，事情就定了。但随着时间推移，夫妻俩也一点点成长起来。通常是各自摆出各自的理由，用充分的时间考虑和讨论，理性地决定。

如今，他们已经学会不把工作带回家里。如果要讨论，也只讨论技术，不讨论公司运营。他们在生活和事业中找到了那个难得的平衡点。"我们始终在一起，这是最重要的。"闫励总会这么想。

追求更有价值的目标

前几年，最令闫励焦头烂额的就是资金压力。每天一睁眼，想的就是找钱找客户，想着怎么才能把公司运转下去，焦虑的情绪几乎写在脸上。如今，虽然公司依然有待新的跨越，闫励和李英骥依然不领工资，但创业者的心态平和了许多。闫励甚至对前来洽谈的投资人说，"研发新药，从实验室到市场的周期漫长，如果想赚快钱，那我们不适合你。"

闫励后半段话没有说，那就是一旦新药成功上市，不但公司会给投资人带来可喜回报，最重要的是，会有更多人因为新药减轻痛苦、恢复健康，这才是真正功德无量的事情，这将是闫励能感受到的最大的内心欢愉。

追求更有价值的目标，为了心中那份自我奖赏，闫励在人生的不同路口，选择着前进的方向。

出国时因为喜欢实验室里的感觉。一点点摸索、一步步实验，结果就会自己显现出来，告诉你是什么、为什么。不继续求学，就会离开实验室，离开享受成果的感觉，闫励可不愿意。

祖国是她从未改变过的目的地。闫励出国的时候就知道，一定是要回来的。奋斗多年，她在德国有工作签证，甚至可以申请加入德国国籍，但这从来不在她考虑的范围内。闫励放弃在德国优越的生活，为出生在德国的儿子选择了中国国籍，带着学到的本事回国效力，坚持实现更大的意义。

创业又是一种怎样的过程？

闫励做基础研究、新药研发这么多年，会不断问自己，这有什么用？闫励最初的想法比较简单，如果能跟应用结合起来，能对人类身体健康有些帮助，这就是更大的意义，对她来说更有成就感。

六年后，她却在一篇文章中写道："六年前，选择是一件容易的事。一点点激情，一点点冲动以及一些些支持，就足够获得一纸工商执照。六年来，坚持自己的选择是一件极其困难的事，各种各样的意料之外、各种各样的挫折打击以及亲戚相继的苦口劝说，都让信念在风雨中摇摆。想过放弃，想过认输，想过之后的种种。每一次，都暗自说，再坚持几天，再坚持一天，如果还不行，就算了。但每一次的绝处逢生，每一次客户的真诚道谢，每一次参与过的新药即将进入临床实验带来的强烈自豪和巨大喜悦，都让我无法割舍那来自心底、真正快乐的感觉。慢慢，开始享受这痛并快乐的感觉，开始觉得坚持不是一件很辛苦的事。创业，让我学会了忍耐与直面困难，这是内心活跃而外向的我曾经很难做到的事情。"

经营公司至今，闫励对研究本身也有新的见解。她一度以为整日的基础研究让她内心与人生变得枯燥乏味，她曾经以为有生之年能做出一两种药才是最有价值、最自豪的事。而当走上了创业这条路，才发现，那些以曾经觉得枯燥重复的基础研究，那些许多人在寂寞无望的勤奋时光中所堆积的智慧，才是做药的基石。离开了它们，一切都变得在黑暗中前行。"我之前的努力也很有价值。"闫励正在让自己所有的经历变得更有意义。

回头看，创业的选择是对的。许多科学家都是从实验室走出来，到药厂，再从药厂回到大学，几年后再从大学进入社会。闫励也从这"进进出出"的经历中蜕变得更加成熟，有了更深的感悟，"人就是这样的，需要走出来，再回去，再走出来。我们的认识会加深，会不一样。"

公司的境遇也发生了很大变化。一开始只有两三个员工，如今引进了 5 位海归博士为公司效力；一开始市场开拓艰难，如今爱思益普已经赢得了很多客户的信赖。他们是做乙方的，但是好几位甲方客户会专程来请他们吃饭。这说明公司真正为客户创造了价值，真的帮助到了别人。正是这些点点滴滴，让闫励对未来更有信心，现在国家鼓励创新药物，她们必然会帮助到更多企业，必然会使更多人真正受益。

闫励清晰地记得，在他们刚到亦庄后不久，亦庄管委会就派人专门来公司调研，关心他们的需求，积极解决他们各方面的困难，并提供人才保障和资金支持。可以说，他们能够发展，是离不开亦庄管委会的全方位的支持，而他们也是搬到亦庄后才发展起来的！“我们是非常感谢和认同亦庄管委会这个实干的政府团队的。我真心感谢他们！”闫励打心底感恩这些雪中送炭的支持。

在亦庄，闫励还遇到了许多志同道合的朋友，有的人过往成绩更加辉煌，有的已经是名副其实的“成功人士”，他们放弃国外的名利，抛家舍子，回国创业，创业的环境更为艰苦。但当他们说到目前的工作，都是两眼放光，好像整个世界都在他们眼前打开了一样。

闫励问他们，害怕失败吗？因为发明药是“九死一生”的事，极少有人能说自己肯定可以成功。他们有万分的不确定，有百分的信心，哪怕拥有十足的运气，还要靠不断坚持的艰苦努力。很多人的答案是：做过了，努力了，哪怕是失败，才不后悔。这些一路同行的人，让她理解了什么是创业情怀。情怀是做一件可以改变世界、改变人生的事，哪怕失败，也甘心情愿。

许多医药行业的创业者恰恰都是有情怀的人。“不论事业成功与否，认为自己做的事情有意义，做到自己认为最好的境界，达到最初的出发点，就够了。”闫励会这样总结自己，“我们学医的人，在长期的学习和研究中，总会背负起医者的社会责任感和使命感。”

在她的实验室里，哪怕对象是一个小动物，她都会要求实验员将手术伤口抚平，好好缝皮，让动物的伤口愈合得漂漂亮亮。

不知道将来能不能成功，但还是要坚持做下去。这对闫励来说，是一段极为特殊的经历，也是必然会选择的经历。累，特别累，难，特别难，但有了自己内心的奖赏，有了那种欢愉，一切就都有了回报。

让闫励感到满足的还有懂事的儿子。儿子在上小学，每天早上，闫励将他送到学校，晚上直到下了晚自习才把他接回家。

冬日，夜晚降临得总是很早。有一天，孩子牵着妈妈的手说，"妈妈，我跟你们一样披星戴月了！"

"哈！孩子成语用的还不错！"闫励心想，"希望我们能成为他的好榜样吧！"

企业家感言

创业是一场洗礼

6年前，我创业的时候，仅仅抱着不想让学到的知识沉默在无尽的Paper中，想做一些自认为更有价值的事。6年过去，创业让我更深刻地面对选择、困难以及如何看待价值。

创业会让我改变世界吗？医药研发产业链条漫长而艰辛，一个人的智慧远远不能完成一个药的发明。当我选择利用自己的知识去帮助别人实现做药的梦想时，我甘心做这个链条上的一个环节。我目前快乐而自豪，因为这过程让我明白，一个人的价值，不体现在成功"接力赛"的最后一棒，做好第一棒也是重要的，或者中间的任何一棒都足够荣耀，都可以听得到成功时震耳欲聋的欢呼声。

于是价值变得很简单，就是尽自己能力为改变世界、改善人类做有意义的事；于是，创业也变得简单了，快乐地做有意义的事，不论成败。

彭思颖：

培养“小鼠患者”的哈佛女孩

企业家小传

彭思颖，博士，北京艾德摩生物技术有限公司总裁、首席执行官；北京市“海聚工程”人才、北京经济技术开发区“海外高层次人才”、中关村“高聚工程”人才、北京市“科技新星计划”入选者，被聘为北京市“特聘专家”。先后获得北京大学医学院基础医学专业学士、南伊利诺伊大学医学院免疫学专业硕士、博士、哈佛医学院附属免疫疾病研究所博士后，先后任北京医院实习医生、南伊利诺伊大学医学院研究助理、北京百奥赛图基因生物技术有限公司运营副总兼技术总监等。

2016 年 11 月，彭思颖（右）在德国柏林受邀参加免疫学鼻祖级教授 Klaus Rajewsky 的庆生会。

做实验、留学、创业，当一个人把这三个词串联成人生不同阶段的奋斗目标时，背后所付出的努力和汗水可想而知。

率性的彭思颖不但这样想了，也这样做了。

从北大毕业的她，在圆了自己的出国梦后，毅然选择归国，并在人源化动物模型领域开辟了自己的一方新天地。

她发挥自己善于优化的优势，通过一次次大胆的尝试，收获着人生中一次次不一样的精彩。

听从内心率性而为

彭思颖出生在黑龙江，骨子里就有着一股豪迈劲儿。这也使她在很多关键时点上的选择上，有着率性而为的特质。

从小品学兼优的她，一直都被家族寄予厚望。儿时的彭思颖很敬佩在国外当医生的姨妈和姨夫。她也想成为一个能够用自己的本事为人们提供帮助、提供救治的人。这个愿望在她心中扎了根。学医、留学，成为她追求的目标。

1999 年，她考上北京大学医学部基础医疗系，成为很多人眼中的天之骄子。彭思颖却知道，自己奋斗的人生才刚刚起步。5 年之后，她以优异的成绩前往南伊利诺伊大学医学院，从事自身免疫性糖尿病发病机理的研究，开始了自己向往已久的留学生涯。

苦，就一个字。

实验刚一上手，她就意识到自己进入了一个全新领域。隔行如隔山。之前学的免疫学方法，在分子克隆实验室里全都要颠覆重来。可以说是一切从零起步。

读博期间，彭思颖和同学们常常需要半夜开始做实验，一直做到早上将实验结果上传备案，然后再回宿舍睡觉。实验一旦运转起来，她常常来不及扒拉几口饭，就又要去观察、纪录实验结果。彭思颖依旧没有退缩，还提前拿到了博士学位。她告诉自己，下一站，要去最顶尖的实验室学技术。

为了达到这一目标，她大胆了一回，通过邮件与免疫学鼻祖级教授 Klaus Rajewsky 接触，成功争取到一次难得的面试机会。直率表达、稳定发挥，2008 年，她终于如愿以偿进入到哈佛医学院附属免疫疾病研究所，开始学习最先进的基因敲除技术。当年的她，29 岁，风华正茂，也是博士后实验室里年龄最小的一个。而且她还遇到一位好心的印度裔师兄，愿意手把手细致地教她设计实验、技术操作。

那时，她还接触到世界领先的基因打靶修饰操作。通常，这类实验一旦启动，就需要投入 3 个月时间连轴转，期间的任何一个差错都有可能使以前的努力全盘废掉。而当时，这样的实验，彭思颖一下子就接了 3 个。那段时间里，她没有了周六日休假。每天一睁眼，各个项目的推进程度就在脑海中滚动盘算。这般炼狱式的训练，不但让她积累了丰富的小鼠基因剔除和基因嵌入技术，还让她锻炼出统筹、交流和协调能力。以至在之后的岁月中，面对常人难以解决的问题，她仍然能够顶住压力，做到游刃有余。

在彭思颖看来，做博士后的 3 年，是她人生路上受益最深的一段时光。她所跟随的导师 Klaus Rajewsky，把她带入到一个研究氛围非常浓厚的环境中。直到后来，她出席导师的庆生会，就像参加高端学术活动一般，不但可以见到学友和业内顶级的教授，大家还会在庆生会上交流最新的实验心得。

她的导师有着非常强的人格魅力，也为实验室带来一股清新的风气。虽然他不会要求大家遵守非常固定的作息时间，但是总能激发大家的工作热情，更多地投入到实验中。实验室内部还会设立一些小基金。任何一个人，如果能够说服实验室其他3个人共同去做一个项目，就可以得到一笔经费。学着筹划项目、学着论证选题、学着掌控流程、学着节省开支，这些做实验时养成的思维习惯，对彭思颖之后的创业也有着非常深远的影响。

令她感动并受益的还有导师做事的执着。她的导师曾在其65岁时，面临被强制退休。原来，按德国法律规定，人到这个年龄便不能再继续做实验了。但倔强的导师却不愿就此离开心爱的实验室，选择了从德国搬到美国继续从事心爱的科研。

2011年，也就是她的导师在美国从事科研10年后，德国政府又招募其回国工作，这一次可以做实验。导师在权衡之后决定回去。于是，在相对平顺的实验生活中，突然，就多了个必须要做选择的事情：是跟着导师去德国继续做科研？还是另谋生路？

彭思颖想回国。不想做教授的她，这一次是发自内心想要做点事情了。当时，她的一位同事正好与北京的一家生物企业有接触，得知对方需要人才来搭建实验平台。而这，正是彭思颖的长项。

在和家里吵翻之后，她毅然决定回国。一念既出，万山无阻。从决定回国到真正回来，彭思颖前后只用了不到一个月的时间。

归国入企施展拳脚

十几个人，三间小办公室，总共一百多平方米的空间，这就是在2011年5月，彭思颖回国加入一家生物创业公司时，公司环境的真实写照。

尽管她的脑海中有一整套先进实验室的理念，身有技术，熟悉流程又会管理，但要想在这样一个环境中把想法落地，却没有那么容易。举个最简单的例子，这里做实验所用的试剂和设备，都和在国外使用的不一样。就连想要重复原来实验达到同样的效果，都很难。看到难处，乐观的彭思颖并没有气馁，她觉得这里有她的职位，有她施展拳脚的空间，其他条件可以慢慢创造。

在创业公司担任技术总监期间，彭思颖参与并主持了上百种基因编辑模式小鼠的研发优化工作。她运用自身在流程优化方面的天赋，不断完善和改进基因编辑技术，使得公司成为世界上制备基因编辑小鼠最快的 CRO 服务公司。

她用专业知识为客户提供更完善的设计方案，为公司的技术领先奠定了基础。几年时间，由于小鼠产品"对路"市场需求，她所在的公司分别与包括 NIH、Harvard University 在内的许多国外科研机构，以及中国科学院遗传与发育生物学研究所、神经所、动物所，中国医学科学院基础医学研究所，浙江大学，北京生命科学研究所等国内科研机构和跨国药企建立了良好合作关系。

在优化技术的同时，彭思颖还被委派组建和培训基因编辑部门、技术开发部门以及质量控制部门。在她手下培养了多名高精尖人才并建立标准化实验室及质量控制体系。2013 年 3 月起，彭思颖开始担任公司运营副总，建立了运输部门和活体动物进出口渠道，进一步完善公司组织架构。

广阔空间 大有所为

公司发展蒸蒸日上，一切渐渐步入正轨。但彭思颖心里却像揣了一只小鼠一样蠢蠢欲动。

总有一个声音在召唤。

搞科研，发表文章，通过做实验研发新技术已经不过瘾了。作为典型的技术应用派，她知道自己还是喜欢做实验，喜欢将学到手的知识化为本领，并在实践中运用出来。她希望能够通过模式动物实验解决临床中遇到的问题，希望能够真正服务到患者。

于是，在2014年8月，她和另一位同事离开原公司，找人合伙组队，成立了北京艾德摩生物技术有限公司。公司简称IDMO，是取自“理想模型（ideal model）”的前两个字母。他们的目标是想通过反复试验挖掘每项技术的应用性，来实行产业化推广。

那就干吧！从培养“小鼠患者”开始。

在精准医疗领域，有一种方法是通过将癌症患者的细胞或组织器官，移植到人源化小鼠模型身上，通过对“小鼠患者”进行各种方式的“治疗”，留下翔实的研究数据，并从中找到适用于癌症患者的治疗方法。由于小鼠本身需要满足高度“人源化”等一系列严苛的条件，所以能准确培养出一只都非常不容易。

而他们的目标，不仅是培养出适合的“小鼠患者”，更要建立起一座“小鼠医院”。

艾德摩创始团队的成员，每个都具有很强的学习能力，且具备身兼数职的能力。他们之中，有具备外企工作经验的行政负责人，有人具有动物学管理经验背景，有人是做IT出身，还有生物学背景做市场的，还有人做广告设计，相互间的配合度也很高。有着8年日企工作经验的行政负责人，对胶带选用这种细节的要求都达到了苛刻的地步。彭思颖造福患者的梦想，将这样一支互补性很高的团队凝聚在一起。很快，搭起构架的公司就开始运作了。

与之前所在的创业公司不同，这一次，他们所服务的客户不再是科研院所，而是更多医院和药企。两者对于小鼠的需求也完全不同。前者更注重实验的创新和突破，后者则更加关心实验的可重复性、一致性和规范性。

她深知，物种间的差异往往使研究结果失之千里。在研究中，这样的偏差可能造成重要实验的失败；但在实际医疗中，这样的偏差则有可能影响一条生命的去留。

培养高度符合人类疾病特征的"人源化"小鼠模型，努力接近"理想模型"的标准，为了达到这个目标，艾德摩建立了多个国际领先技术平台，可在小鼠模型中同时实现多种人类基因的改造、在此基础上还可完成人类多种组织、器官和系统上的替换，来获得高度人源化的小鼠模型。为了保持小鼠"干净"，没有任何病原污染，在艾德摩实验室，除了最早的一批老鼠来自清华大学，其他所有的动物都是彭思颖和她的团队在绝对严格的实验环境中做出来的。创业至今，艾德摩公司没有一例小鼠受到污染。

在理想之路上一步一个脚印地前进。目前，艾德摩公司已经推出自主研发的首批产品：IDSomatic 小鼠模型系统，并填补了国内空白。使用者可以迅速在小鼠体细胞中同时进行多基因的改造，以最快的速度来验证基因组测序中发现的基因突变功能，并可实现高通量靶点筛选。相比于常规的动物模型制备方法，利用 IDSomatic 将使复杂的模型构建过程变得极为简单，极大降低小鼠疾病模型的构建成本和周期。

2015 年 10 月，艾德摩携手中国食品药品检定研究院——石电新号实验动物资源研究所共同建立人类疾病小鼠模型资源库。资源库的建立将统合国内人类疾病小鼠模型资源，形成聚合效应，再通过与科研、临床相关研究机构合作寻找疾病靶点，对疾病模型进行全面严格的表型分析，以确认候选靶点与疾病的相关性，以达到小鼠模型商业化的目的。

2016 年初，艾德摩获得才金资本及 108 度的千万投资，此次融资为艾德摩自身的发展壮大注入了强大的动力。

理想之路再回首，彭思颖感悟出很多在实际操作中的经验。

细节决定成败。一直在使用动物房的团队，在自己修建动物房的时候，就有一种摔了一跤的感受。实际操作后大家发现，水、电等工程上的搭配，对技术的要求也很高。最终，彭思颖决定选择通过外包解决问题，让专业的人来做专业的事，以减少试错带来的影响。

把握借助外力的机会。对于这支初创团队，亦庄开发区给了很多帮助。在建动物房的时候，园区曾积极提出一种方案，把艾德摩生物拉入园区医药产业链中，使公司获得能够建动物房的资格。而在得知他们要扩大规模之后，园区更积极提供新的场地，位置和房租也都非常令人满意。

彭思颖认为，亦庄整体生态环境非常好，尤其是园区政府敢于承担一些风险，勇于从法规上做出一些创新。仅仅把海关搬到园区里这一件，就给艾德摩公司进口试剂带来很多方便。在彭思颖看来，这些体现在资金、政策等诸多层面的帮助，对创业企业来说，是解燃眉之急的爱护和支持。

根据 2015 年官方统计数据显示，每个癌症病人的花费平均是 30 万元，长期化疗和用药已经带给患者和家庭很大的痛苦和经济负担。大量数据表明用动物模型试药得出的结果和患者自身试药结果的重复性已经高达 90% 以上。

彭思颖希望，能利用人源化动物模型，将病人的肿瘤组织移植到人源化动物模型体内代替人类试药，快速帮助肿瘤患者找到更好的治疗方法，减少治疗周期并降低治疗花费。下一步，她还准备与药企合作筛选新的药物靶点。

研发最理想的模型，医生只能一个一个救人，如果能从产业上带来变化，那么就可以一群人一群人的救。怀着这样的初衷，艾德摩找到了许多投资方和合作者，其中不但有基金、药企，还有个人和公益组织。

百尺竿头，更进一步。

从实验室级别的流程优化，跃升到产业化层面的资源整合对接，彭思颖再一次把善于优化的优势发挥到极致。

未来已来，她已经准备好了。

企业家感言

选最贵的，反而成本是最低的

创业可不是闹着玩儿的，需要有准备再去做事情。

我回国后进入一家小型创业公司，从起步不成熟开始，共同经历和见证了许多弯路。感触是，尤其是从国外回来的人，想要落地、想要水土服，其实不太容易。你需要一段时间了解国情，还有技术上可能出现的问题，在意想不到事件发生前，还需要准备预案，很多的事情需要考虑。

试水要落地，是件非常重要的事情，不能想当然去认为。尽量去看别人的，去学别人的，甚至是摔几跤。现在，我们不懂的行业，采用的方法就是外包，选最贵的，最后反而成本是最低的。

团队的互补性非常重要。技术出身的创始人，另外一个合伙人最好有一些市场经验、融资经验，这样的公司可以在未来走得更远。

马骉：

为生命和健康奔跑　驷马难追

企业家小传

马骉，中国农业大学博士毕业，曾就职空军航空医学研究所，荣获科学技术进步贡献奖三等奖等多项奖励，由他主持研究的肝细胞再生刺激因子的分离、纯化及性质研究，获得发明专利一项，其制剂1996年被国家卫生部批准为一类新药；1999年北京赛升药业股份有限公司成立之初至今任董事长兼总经理，已获得发明专利21项、实用新型3项、外观设计1项、发表科研论文20余篇，并主持专利技术应用于公司主要产品。2016年荣获推动“北京创造”科技领军人物。赛升药业已登陆创业板，总市值过百亿。

2015年，马骉在赛升药业上市酒会上。

下海创业也有遗传基因？

当马骉义无反顾抛弃“铁饭碗”走上辞职创业一条道时，原本坚决反对的老人竟给予了坚定的支持——因为马骉父母早就在20世纪80年代停薪留职下海经商过——他们深知商海艰辛，但又知商海炼人，更知孩子选择的意义。

35岁时的马骉本来有在常人看来是安稳保险的去处，但他内心深处似乎有一种强大的力量在召唤着，毅然退伍辞职，下海闯荡，自办企业。

骉者，众马也。

马骉奔驰在创业的路上。

这是一条充满希望却是曲折艰辛之路。

天道酬勤。马骉成功了！

一次拼搏一次洗礼

看外表，马骉很温和，有东北人特有的敦厚和实在，但骨子里却隐隐有股不服输的血性和韧劲。这可能与其10年军旅生涯有关。

1989年，吉林大学分子生物学生化专业硕士毕业的马骉走进了军营，就职于空军航空医学研究所。

参军，首先就要成为合格的军人。在基层部队训练期间，是从列队、正步走开始的，有时一天光踢正步就要五六个小时。这对于地方院校毕业的高材生来说，无疑是一次磨炼。马骉他们挺住了，与连队的感情逐渐浓厚，军事素质也不断提升。最后检验训练成果时，马骉所在的地方大学生队与军校的学生同台竞技，竟拔得了头筹。

在研究所，马骉全身心地投入到药物研究中，后来被派到研究所附属医药厂北京京航制药厂，不到30岁就担任了副厂长。在此期间，他带领科研小组主持开展了肝细胞再生刺激因子的分离、纯化及性质研究等多个项目，成功研发了国家一类新药——促肝细胞生长素，获得发明专利一项及军队所在驻地多个奖项。

1999年，本以为研发之路会越走越宽的马骉面临着一次人生抉择：部队不能再搞生产经营活动，部队企业必须转制。已是文职九级、荣誉加身的他，可以回到研究所继续做医学研究，也可以脱下军装留在企业继续工作。

怎么办？在部队搞基础医学研究，离现实需求比较远，但留在企业搞经营可能要放弃研究，又不是他心中所愿，他甚至想到了出国。

这时，朋友不经意的一句话深深触动了他，“反正你有技术，不如自己创业。”

是啊，为什么不呢？做自己的企业，能做自己想做的事情，不是人生的一大乐趣吗？

是乐趣，但更充满了风险。当时马骉的儿子刚刚上小学。上有老，下有小，丢了“铁饭碗”，而水深莫测的市场又充满了凶险。会不会“出师未捷身先死”？这个决定不是轻易能做出的。几经周折，最后还是决定，自己创业！

马骉瞒着父母办理了转业手续，脱下了穿了10年的军装，与两个伙伴搭建了团队，一头扎进市场，北京赛升药业股份有限公司的种子开始生根发芽。

一位是同学，一位是师弟，再加上马骉，三个人拿出了自己的积蓄。对创业伊始的这段经历，马骉至今仍十分自豪：“我们不是依靠大投资起家，是哥仨儿一起凑了50万启动资金。完全靠技术起家而非资本发展起来，这在我们这个行当里可谓凤毛麟角。”

他们实在是想得太简单了。尽管有自己的技术，刚开始可能不需要巨大的投入，但随着业务面铺开，买地、建厂、上生产线、继续研发……投入是巨大的，也是持续的。资金就成为当年公司发展的最大瓶颈。

马骉瞒不住了，转头寻求父母的支持。马骉笑着对父亲说，“您看看，摊子已经铺开，开弓没有回头箭，希望支持儿子的发展！”

马骉的父母早在20世纪80年代就停薪留职“下海”，深知商海艰辛，但见儿子坚定地走了跟自己当年相同的路，毅然无条件地坚决支持，并运用自己多年市场拼杀的经验，全身心地辅佐，后来，马骉的父亲干脆直接披挂上阵。厂房是在父亲领导下盖起来的，科学的财务管理体系是父亲一手建立的，至今公司许多高管都受过他“父亲般”的照顾。

为了企业的发展，在资金紧张的时候，父母的钱拿出来了，兄弟姐妹也被借遍了，甚至曾经的老战友、老领导也都抵押了房子为马骉筹款。后来，公司落户亦庄，开发区也给了特殊政策。以很低的价格租给他们土地，什么时候有钱了什么时候再买。他们是落户亦庄的第一家科技人员创业公司，在只有技术没有钱的情况下，没有政策支持，没有众人扶持，公司是挺不住的。所有这些深情厚谊，马骉至今都很感恩：“与亦庄共同成长。”

赛升药业在市场的磕磕碰碰中站稳了、长大了。几年后，将亦庄的地块彻底买了下来。如今，公司上市后融资的十亿元还准备投资北京经济技术开发区。

“拼搏一回，说不定能闯出一条路。这是一次人生的洗礼！”这也许就是蕴藏的军人的血性吧。马骉最初的愿望实现了，赛升药业真的闯出了一条康庄大路。

做别人做不了的事

10年军旅生涯，对马骉深有影响。不仅为他找到了未来发展的方向，而且也塑造了他做人做事的品格。

“做别人做不了的，解决别人解决不了的难题！”

虽然赛升药业起步较晚，但幸运的是，那时中国市场缺医少药，急需药品补充，幼小的公司迎来了发展机遇。那时候，只要有技术过硬，达到同类标准，就可以申报审批、投入生产，从申报到审批时间比较短。拥有技术的马骉因而信心十足，只要有了产品，就可以用产品决胜于市场。

在研发上赛升选择了一条中间路线，依靠差异化竞争。当大家都争相研究分子生物技术药物时，马骉他们利用自己擅长的分子生物技术开始向天然药物的提取做冲击，这是中药现代化和生物技术交叉的边缘学科。研究生物技术的人鲜少涉及这一领域，搞西药、中药研发的人也不偏爱这一领域，这样，赛升的优势就显示出来了。

时间行进到2003年，赛升药业的第二个产品——大规格的胸腺肽在“非典”时期大展身手，可以作为基础治疗的药物平衡人体免疫力。当时，全国能生产同类大规格药物的公司只有一两家，市场需求爆发式增长。当时，政府采购的价格比市场溢价低了一倍，而且是先供药、后结算，但赛升药业在这次考验中展现出了独特气质。虽然刚刚摆脱发展的艰难时期，赛升药业的员工，包括很多司机、业务员都表现出了令人敬佩的奉献精神，他们开

2015 年，马骉在高层会议上仔细聆听大家发言。

车往来于重点医院和重点疫区，不顾被传染的风险，及时将药送给需要的人。

那时药厂每天都有人找关系来买药，甚至出高价。但马骉他们从来没有松过一次口，总是在第一时间保障北京市及其他重点地区的医院用药。马骉说那时就觉得不是赚钱的时候，得为社会尽责。其实那段时间，赛升非常需要现金流。但是，因为北京遇到问题了，国家遇到困难了，所以作为知识分子的马骉他们选择了责无旁贷。

大爱无疆。后来，无论是在汶川地震时还是玉树地震，或是南方旱灾中，马骉总是第一时间组织公司向灾区捐献爱心，并将感恩社会作为企业文化的一个方面持续进行渗透和强化，2005年他被中国初级卫生保健基金会授予“爱心使者”荣誉称号。

赛升药业“傻”出了名。正是这一次在“非典”中的表现，使得社会、政府对赛升有了深入的了解。也就是那一年，赛升药业有了自己的生产厂房。通过艰辛努力，马骉和赛升药业在预期的轨道上走着，成绩斐然。

由马骉主持的静脉注射用低分子高含量胸腺激素的研究，成功地解决了以往该制剂在实际应用中存在的难点，极大地方便了临床的应用，获北京市技术开发优秀项目三等奖，在胸腺激素的应用上具有划时代的意义；免疫核糖核酸荣获北京市医药总公司优秀科技开发成果二等奖，尤其在生物毒素的研究方面取得丰富的成果，具有不可替代的地位；他带领团队成功地开发了精纯抗栓酶、降纤酶、纤溶酶、激肽原酶等蛇毒溶栓类系列产品，精纯抗栓酶获得北京市医药总公司优秀科技开发成果一等奖；他带领着赛升药业与中国农业大学合作对蛇毒纤溶酶进行的产业化研究项目——“免疫亲和层析规模纯化纤溶酶及其药学性质、药物制剂的开发研究”，经教育部科学技术委员会组织的以陈君石院士为组长的专家鉴定，该项目达到国际领先水平，获得北京市科学技术奖三等奖。

2009年起，赛升药业迎来了快速发展的时期，每年都有30%的增长，已经成为北京市制药行业销售百强。公司先后成功开发用于预治血栓、心脑血管疾病、调节免疫功能及神经系统药物26个品种，56种规格。其中作为原研及国家药品标准起草单位的品种5个，国内独家或首家生产的产品5个，北京市自主创新产品3个。近三年来平均每年获得新药证书2个，药品注册批件20余个，同时参与多项国家及省市级科研项目。截至2016

年 6 月份授权发明专利 15 个。马骉个人作为第一作者已经获得 11 项国家授权发明专利。

然而，在前进的道路上，并非所有努力都有成果。公司有一个在研项目，已经做了十五六年，马骉却还在坚持，他坚信再过十年八年就会有好的结果。但是，创新的成功，是随机的，偶然的。研发的结局最终怎样，谁又能预测得到呢？尤其是在医药行业，很可能付出多年努力，最终却失败了。

如果这个项目最终没有结果，可能 20 多年的努力就白费了。不但企业是巨大的付出，对于一个科研人员来说，又能有几个 20 多年呢？但这就是马骉和他的团队必须要经历和承受的。

这种坚忍不拔的努力，正是对他们的创业初心——“做别人做不了的，解决别人解决不了的难题”作的最佳注解。

马不停蹄充实人生

2015 年，赛升药业在新三板成功上市。这是经过了 5 年准备，最后被资本市场接纳，成为赛升药业发展划时代的里程碑。马骉对这个里程碑看得更加深远，“这不单单意味着公司融资渠道的拓宽，更代表着公司整体实力大幅上升。”其实，这在某种程度上也见证了马骉从一个科研工作者到公司管理者的转变。

作为一个公司管理者，自然要重视企业的文化建设。马骉更看重的是价值观。“我一直认为，创业一定要和价值观方向一致的人一起打拼。这样在你摇摆不定的时候，在你彷徨受挫的时候，在你想要放弃的时候，至少会有一个人给予你前行的力量。”说起创业伙伴，马骉永远心存感激。“如今他们虽然已经离开了赛升，但我们依旧是朋友和合作伙伴。”

随着事业的壮大，马骉的状态也有更好的变化。前 10 年，他基本上是从早7点干到晚7点，这2年放松了很多，也让他有时间更好地去思考公司的长远发展。

早在2004年，赛升药业这个私营企业就成立了党支部。不但马骉自己是党员，公司领导班子都是党员。多年来，公司发展了很多党员。大家达成了共识，把优秀的人吸引到党组织中来，对公司发展也很有益处。现在，党支部每个月都有活动，学习、拓展、培训会、上党课……马骉不担任支部书记让年轻人去干，而且自己经常作为普通党员参与党的活动。

在赛升药业，上上下下统称马骉为“马老师”。这三个字既拉近了彼此的距离，也从侧面印证了赛升药业对人才、对知识的尊重。这也是一种企业文化。马骉常说，赛升药业不是靠资本起家的，靠的是技术的积累和知识的积淀。

52岁，就企业家这个身份来说，马骉还算年轻，但他已经开始有计划地辅助新一代公司领导团队逐步上马。有人问他有什么打算？他说得十分实在，“我准备再主导企业发展五六年。生命科学发展很快，需要培养年轻人，以后就掌掌舵，在后方帮助年轻人把控把控，希望年富力强的人能快速成长起来。”同时，他的着眼点不仅仅是公司的发展，他们一直在讨论，如何将公司这个平台做成推动更多人发展的平台，让更多人能更好实现自己的价值。对人才的吸引和激励等方面，赛升还要做更多工作。

至于自己的生活，马骉的想法要简单得多。

他最爱的依然是科研，他常说搞科研要比搞管理更有趣，在实验室里面，可以把他的想法体现出来。以前搞科研的时候，马骉干到晚上十一二点都不觉得累。在取得每一点成果的过程中，马骉内心所获得的那种快乐，要远远大于付出。而且这份快乐是别人无法分享的。

他期待的状态是沉静，他总想着自己能够安静下来。“静

2012年，马骉接受媒体采访。

一静，好好思考。希望自己还是自己，不因为身份的变化而迷失。成功也好，失败也好，最重要的是不忘初心。将自己能够做到的事情做好，愿意做一点真正影响身边人的事，对社会有价值，就很好了。”

他规划的生活是旅行，他希望享受当地真实的生活，“等我退休了，就去旅行，每到一个地方就停留一两个月。不是不做事，而是给自己时间思考。如果发现，无论成功还是不成功，这都是自己愿意去做的事情，那就去做。也许那是个完全不同的领域。”

如果马骉还有更大的愿望，那就是有一天，真正摒弃生活中所有的趋利和焦虑，充分感受生活的满足和幸福，他总觉得那应该是一个人最应有的状态。

但现在，马骉还不能停下来，还要为生命奔跑。他像一个瞭望手，时刻关注着行业脉动。每天要花两三个小时研读专业文献，谋划企业的发展方向和战略。

站在2016年，回望来路，马骉十分感慨。这十几年，他亲身经历了国家医疗的发展。国家已经从缺医少药，发展到药品基本满足需求，在生命科学方面的研究水平也跟国际十分接近。

这些看得见的进展，令马骉欣喜。“健康永远是人生的主题。我们在生命科学领域的一个小的发现，能够应用到健康医疗的某一个环节，能够真正帮助到别人，心中就会获得莫大的满足。”

这也许正是马骉和赛升药业不断向前的动力源泉。

企业家感言

选定方向，坚持就会有收获

我的感悟是坚持和创新才会有未来。

对人生来说，发展方向很重要。首先要选准适合自己、并且又是自己喜欢的发展方向，做自己喜欢的事情，无论成败，内心都会有满足感，在遭遇困难时也才会愈加坚强，所有的纠结都应该在做决定之前，一旦决定了，就要勇往直前地坚持下去，这就是我们通常说的工作态度。

人生态度也至关重要。我们总会遇到各种各样的困难和风险，关键是怎么面对，用积极的心态去面对，再大的困难也能扛过去。我们也许不会每件事都选择正确，只要把一件喜欢的事情坚持下来，满足内心需求了就可以了，这是不能用金钱来衡量的。

除了坚定的信念，还需要科学的工作方法，那就是创新。创新是在科学研究的基础之上的提高和创造，比如我们利用免疫亲和技术用于纯化生物毒素中的大分子物质就是一种创新，是在方法学上的创新,符合客观规律的创新往往会获得意想不到的成果。

最终成功，一个人远远不够，需要团队精神，统一思想、团结一致、共同努力。

姚立新：

管装备企业　置之死地而后生

企业家小传

姚立新，1989 年加入中国电科第四十五研究所工作，从基层担任技术员做起，成长为四十五所青年科技人员中的学术带头人，同时也成为我国金刚石刃具技术领域及机器视觉技术领域的知名专家。2015 年担任北京中电科电子装备有限公司公司总经理。

参与主持过的项目有“0.5 微米投影光刻机”“MCM 基板自动光学检测系统”“声学扫描检测系统”“300mm 减薄抛光一体机研发与产业化”等国家重大项目。项目荣获甘肃省级科技进步二等奖、集团公司科技进步奖、国防科技进步奖及优秀奖。

2016 年，姚立新在办公室。

管理要做减法，不能为了管理而管理；

管，不是要增加多少制度条款、表格，而是要减少一线员工的工作量；

理，是要理顺生产过程的全周期流程；

这是在集成电路设备行业摸爬滚打近三十年的“土著”——北京中电科电子装备有限公司公司总经理姚立新的“管理心经”；

也是姚立新花 4 年时间将中国电科第 45 所下属最大的事业部——清洗设备事业部年销售额带到超过 1.2 亿元后的“实践佐证”。

集成电路是二十世纪的最重要科技发明之一，它的发明带领人类走进了信息时代。如今，集成电路已经被广泛运用于经济社会生活的各个领域，起到了不可替代的作用。与精密小巧的集成电路相比，生产集成电路的装备绝对是大块头。然而从集成电路出现开始，无论是生产工艺还是装备制造，我国都远远落后于发达国家。

从 20 世纪 90 年代开始，我国集成电路制造设备产业进入快速发展阶段。也是从那时候起，一大批刚刚毕业的大学生怀着一腔为国产装备奉献青春和力量的热血走进了工厂、研究所。姚立新的故事也是从这时开始。

技术攻坚

1985年，姚立新考上了西安电子科技大学，专业是通讯工程。可是20世纪80年代，移动通讯领域远没有今天的发展规模，最对口的工作也不过进微波站工作。由于毕业后被分配到了中国电子科技集团第45研究所工作。姚立新也因此改行向自动化控制领域转型。

1996年，45所买来了一台国外淘汰下来的1微米的分步投影式光刻机。姚立新所在的部门就负责研发出具有自主知识产权的国产设备。可是那时国产电子装备的研发和生产能力非常落后，还不具备1微米的配套能力。而国外当时的装备制造能力已经达到了0.15微米，国内外已有三四代的技术差距。那时，国外设备对国产设备的技术封锁不光包括整机，还有一些必需的关键零部件。虽然困难重重，但是对充满激情的姚立新和团队也没有丝毫影响，他们夜以继日地工作，就想尽快在研究上有所突破，为集成电路装备产业做出自己的贡献。最终，45所成功研制出0.5微米级的分步投影式光刻机的原型机。

2000年6月，《软件产业和集成电路产业的发展的若干政策》发布。在国家发展规划和产业政策的鼓舞下，各地政府纷纷出台微电子产业规划，其中上海和北京为中心的两个半导体产业集中区，形势也最令人鼓舞。但是由于国内的集成电路生产线大部分采用的都是国外进口设备，国产设备虽然在产品良品率、运行稳定性方面都没有经过大规模验证，难以进入大线，但是国产分步投影式光刻机的成功研制依然起了作用，国外的同类设备不再禁售，同时大幅降价。

熟悉姚立新的人都知道，他是一个非常认真、愿意钻研的人。他接到的研发任务不论是最终只能卖十万元的设备，还是几百万的装备，他都会都非常认真地去研发、试验，最终拿出成果。正是凭着这股认真的劲儿，姚立新在半导体设备的制造领域颇有建树，解决了一个又一个技术难题。2000 年下半年，姚立新承担了新的项目，开始研发切割硅片的金刚石刃具。虽然研究的设备不大，但是项目却是从零开始。当时国际上只有德国和日本的 3 家公司生产这种刃具，技术壁垒非常高，外国企业根本不同中国公司合作。无奈之下，姚立新和团队的成员们一遍又一遍地摸索实验，在熟悉工作原理的基础上，功夫不负有心人，2004 年通过大量实验最终取得了成功。怀揣理想，满腔热忱的姚立新再接再厉，2005 年，参与研发"MCM 基板自动光学检测系统"，2007 年参与研发"声学扫描检测系统"，每一次都获得了成功。这些项目先后获得甘肃省级科技进步二等奖、集团公司科技进步奖、国防科技进步奖及优秀奖，姚立新也成为我国金刚石刃具技术领域及机器视觉技术领域的知名专家。

初涉管理

就在姚立新准备在科研道路上再进一步的时候，新的任务落到了他的肩膀上。2011 年初，姚立新又被调动到 45 所下属最大的事业部——清洗设备事业部工作。熟悉集成电路生产工艺的人都知道,清洗是集成电路生产中的各个环节都需要用到的工艺。从硅片切割到抛光，再到外延、光刻，集成电路每完成一个生产环节就需要清洗一次。清洗事业部业务涵盖 LED、蓝宝石以及金属零件的清洗设备。

按理说，这样的事业部应该是个"香饽饽"，可是姚立新刚走马上任就发现了大问题，共有 3800 万元的设备根本没法按时交付。经过一番仔细调研发现的最大问题是事业部人心涣散、工作懈怠、效率极低，根本满足不了市场的需求。按照当时45所的科研和生产能力，这些订单完全能够按时完成，工作效率低下的关键在管理。于是他决定改变工人的考核办法，实行计件工资。与此同时，姚立新把从接到合同到约定的交付日期之间每天的任务提前规划好，可以同时进行的工作绝不顺延，同时带头加班，白班和晚班都能看到他的身影，在他的鼓舞下所有人鼓足干劲投入生产，到了4月28日，3800万元的设备全部按时交付。2011年全年新签销售合同7800万，全年累计交付一亿元订单。

2012年，事业部接到一个20台设备、总额1000万元的订单，但是客户对时间周期要求很高，希望能够两个月交货。按照生产流程，因为有些配件需要从国外采购，所以从下单到配件到位需要两个月，此外还要加上设计、组装和调试的时间，3个月是正常的生产周期。姚立新前思后想决定向管理要效率，打一场攻坚战。从接下订单那一天起，外购配件与产品设计同步启动。这批设备的设计周期和加工周期折叠，加工周期与装配周期重合。为此姚立新打破常规，进行详细的节点设计，并将管理延伸到供应链、物流。不仅如此，他还与技术骨干一同研究设备的生产流程和工艺，机械工、电工各个工种分工协作，最终产品按期交付。他对员工提出的要求是，商场如战场，客户的需求就是指令。如果自己不做好，不仅失去了市场，还相当于把市场让给了竞争对手。每退让一块阵地，就帮助对手强大一分。

经此一役，姚立新不仅在企业员工中树立了威信，更赢得了客户的信任。从2011年到2015年，他们生产的清洗设备在国产设备市场上占据了80%的份额，客户的回头率达到百分之百。

不仅如此，清洗事业部也获得了持续的发展，4年间又开发出十余种新产品，到2015年9月姚立新离任，清洗事业部的年销售额已经超过了1.2亿元，一跃成为所内经济指标最好的部门。

姚立新常说，管理要做减法，不能为了管理而管理。管，不是要增加多少制度条款、表格，而是要减少一线员工的工作量。理，是要理顺生产过程的全周期流程。如果通过管理员工省劲了、产品质量保证了、生产周期缩短了，那么所有的人都会接受这种管理方式。

聚沙成塔

2015 年 9 月，姚立新离开创造了辉煌业绩的清洗事业部，来到北京经济技术开发区，担任北京中电科电子装备有限公司总经理。公司最早是 45 所的全资控股公司。2013 年，经过 45 所、

2016 年，佩戴党徽的姚立新在接待室。

2 所、48 所的重新组建中电科电子装备有限公司后，北京中电科成了电科装备的全资控股公司。

北京中电科虽然在电子封装成套装备的研发、制造与市场服务方面有着先天的优势，又在集成电路、分立器件、半导体照明（LED）的封装装备研发、产业化方面形成了特色，但在行业内仍然是一家年轻的企业。姚立新上任后发现就存在几个方面的问题：首先是执行力不够，不论是技术改进还是管理提升，口号喊得多，效果见得少。其次是企业虽有很好的技术基础和市场潜力，但是没有把优势利用好。几经思考，姚立新决定从技术提升、员工激励和市场推广的角度对北京中电科进行改革。

作为一个懂技术的管理者，姚立新认为，企业的执行力不足是因为缺乏以结果为导向的考核机制。他从来不蛮横地给员工下命令，而是根据实际情况，充分考虑技术上的难度，再布置工作。任务目标一旦制定，他又会带领员工，以置之死地而后生的

2016 年，姚立新在展台向客户介绍情况。

拼搏精神去完成目标。员工们都说，姚总无论是开会、加班、下车间都和我们在一起，他是我们的主心骨。姚立新的办公室很大，但是经常显得很拥挤，因为几个事业部的负责人常常排队找他处理产品生产中的难题。只要他在公司，遇到问题都是马上开会讨论，以最快的速度解决，一分钟都不拖延。

姚立新到公司后发现，划片机作为公司的主打产品，现有6英寸、8英寸和12英寸3个系列的十多款产品，虽然占据了部分市场，但是一直被稳定性和可靠性等问题困扰。按照一般的管理思路，产品质量有问题最直接的办法是加强质量控制，不合格的产品返工重做，直到合格为止。但是姚立新认为，对装备制造企业而言这种做法治标不治本。于是他首先做的一件事是召集技术骨干，归纳整理产品的有关问题。随后他亲自带队到厂家了解实际情况，向一线工人了解产品的改进意见。2016年1月，姚立新打破惯性思维，把3个系列的产品进行模块化开发，把所有系列的电控系统和软件系统集中统一。从此划片机的生产迈入了新的阶段。据统计，仅2016年前5个月，姚立新带领技术团队就发现263项改进问题，提升了20余项关键技术水平。

近年来，倒装键合工艺成了集成电路封装技术的主要发展方向。国内的封装厂家对倒装键合设备的需求也越来越大。北京中电科自主研发出世界上第一台用于批量生产的高密度倒装设备。设备的主要技术指标均处于国际领先水平。然而，姚立新还是不满意，他把技术员派到企业的生产线上，和工艺厂家一起做技术磨合测试。几经改进，如今中电科生产的倒装设备能够24小时不停机进行批量生产，生产效率提升了30%，产品的良品率从93%提高到99%。

事实上，随着国内集成电路生产线的大规模上马，对装备的需求也越来越多。曾经，国内企业不敢使用国产装备，因为稳定性差、良品率低。如今，装备企业的技术水平不仅达到了国际水平，个别产品的技术指标甚至还超过了国外的设备。这个时候国产设备的春天也随之到来了。从2008年起，北京中电科先后与中芯国际、长电科技、通富微电等多家国内知名的生产企业合作，划片机、倒装机和减薄机等设备先后进入到企业的生产线服役。不仅如此，姚立新还敏锐地察觉到集成电路装备的研发与工艺日趋融合。因此，通过建设工艺验证示范线的方式推动产品研发。通过工艺验证的装备稳定性、适应性都有了很大提高，进而大大提升了新产品在市场上的推广速度。

公司2014年较2013年销售收入增长近1倍，2015年继续增长近100%，连续两年获开发区与德勤中国举办的“德勤亦庄”高科技高成长20强前三名的成绩，公司的靓丽业绩离不开北京市和亦庄开发区的政策支持。

说起这些成绩，姚立新认为企业在管理方面的进步起到了非常重要的作用。姚立新觉得企业的管理需要不断经历“实践—总结—升华”的过程。姚立新表示自己最钦佩的就是华为以奋斗者为本、以顾客满意为本的管理理念。如今，这两个理念也在北京中电科的企业文化中生根发芽。

对于北京中电科未来的发展，姚立新一直把企业定位在成长中的科技企业。但是，为了经营好这家企业，姚立新的眼光已经放到了国内的整体集成电路产业市场。他认为，国内的集成电路装备制造企业与国际知名企业的差距正在缩小，但是随着国内集成电路产业高速扩张期的到来，装备企业的发展不进则退。以划片机为例，目前北京中电科所占的国内市场份额只有不到20%，姚立新的目标是到2020年，企业能够在这个市场的份额占到50%。

2015年底姚立新主导实施了新的薪酬体系考核办法，建立了长效激励机制，为公司各岗位员工提供可晋升渠道和明确的职业规划，极大提高了员工积极性和主人翁意识。2016 年新进引入人才近 50 人，员工的平均年龄只有 28 岁。为了带好这支队伍，姚立新上班时间与大家讨论技术，下班时间和员工们一起打球、谈心。业余时间的三分之一也都留在了公司。

做企业就像滚雪球，姚立新认为作为一个管理者现在要做的就是把员工积极性调动好，大家一起努力，为了企业的明天努力，为自己的明天而努力！

➢企业家感言

发展国产集成电路装备任重而道远

近年来国产集成电路装备的发展充满了机遇和挑战。在国家层面“极大规模集成电路制造装备及成套工艺”专项、《国家集成电路产业发展推进纲要》、国家集成电路产业投资基金、“量产应用工程”等政策和措施的出台与实施，加之目前国内集成电路市场规模不断扩大给集成电路装备企业的发展带来了很大的机遇。但是行业本身天然的技术壁垒、高端人才缺乏、资金投入大、周期长等因素也令国产装备厂商举步维艰。

我们要在发展过程中充分认清不足，才能谋求更好的发展。由于国内集成电路装备企业技术积累时间短，导致长时间处于技术跟随的水平，主要表现在关键技术、工艺和基础制造技术能力不够以及国内企业对质量管控能力不足等方面。

近年来北京中电科公司正是在不断积累及创新的同时通过正向设计，完成了世界首台可用于批量生产的倒装键合设备研发与销售，目前该设备已在国内封装龙头企业批量应用。充分认清自身能力，通过不断创新才能够持续发展。

毫无疑问，国产集成电路装备发展进程是曲折的，但前景是光明的，不能毕其功于一役，只有在前进的道路中不断创新和积累，才能成就伟大的发展，因此国产集成电路装备仍然任重道远。

张圈世：

与抗癌“核”技术一见钟情

企业家小传

张圈世，北京大基康明医疗设备有限公司副总裁兼研究院院长。防化学院核物理专业学士，西北核技术研究所核技术专业硕士。发表论文58篇，获7项发明专利授权（第一发明人6项），国际发明专利1项，目前正在实审的发明专利12项。多次应邀在国内外学术会议上做大会报告，有四篇论文获得亚太医学物理会议等会议和组织的优秀论文奖。曾获得国家科技进步二等奖1项、国防科工委科技进步二等奖2项、国防科工委和军队科技进步三等奖3项等奖励。2006年 获西安经济技术开发区党工委“优秀党务工作者”称号。2015年获北京经济技术开发区“亦麒麟”创新领军人才称号。

2014 年，张圈世在美国参加第 56 届 AAPM 会议。

你知道吗？

现代医疗已经使用上曾让人谈虎色变的“核”技术，其代表就是 PET（正电子发射计算机断层扫描仪）。

你知道吗？

进口一台 PET 机需要几千万元，而用它检查一次曾需要好几万元。自从我国自主掌握 PET 技术后，便使患者检查成本大幅下降。

你知道吗？

终生以“核”为伴的张圈世就是这样造福于万民的人。他在放疗和核医学诊断设备研发，特别是在新型加速器（PET 和加速器的融合，滚筒式加速器，新型小型化加速器等）和 PET 探测器研制方面有许多创新和关键问题的解决方案；创造性地提出了用 A45 高能射线进行碳 11、氧 15 等放射性药物的生产和利用 45MVX 射线的切伦科夫光激光敏剂的放射动力治疗技术（RDT）。他现任北京大基康明医疗设备有限公司副总裁兼研究院院长。

从部队核科学家到健康核大使，张世圈带领大基医疗团队闯出了一条“核探测诊癌，核辐射治癌”的荆棘之路。

不久前，在 2016 美国医学物理学家协会 (AAPM) 第五十八届年会上，张圈世介绍了他们依托于 DJ-A45 电子加速器而研发的全球颠覆性肿瘤治疗技术，收获了热烈的掌声和由衷的祝贺。

“一见钟情”便“一定终身”

居里夫人、核爆、辐射、致癌……说起核，很多人最先想到的就是这样一组词汇；然而，诊断肿瘤并有效治愈肿瘤是利用核技术造福人类的又一福音。1980年时的张圈世可没有这些概念。

出于对军人的崇拜，张圈世报考了军校；又因为物理成绩优异，选择了核物理专业，从此与“核”结下不解之缘。用他的话说，从上大学到现在，所有的学习和研究一直都与核物理和核技术有关。

大学毕业后，张圈世被分配到某国防科研实验基地，便一头扎进核物理研究与试验中。在那些激情燃烧的岁月里，他先后参与了十多项重大国防科研试验，凭借勤奋执着和刻苦努力，荣

2014年，张圈世（左）访问美国加州大学洛杉矶分校（UCLA）放射肿瘤科，与前主任Steve Lee教授合影。

立集体一等功1次、个人三等功1次；获得国防科工委科技进步二等奖1项，三等奖3项。为我国国防事业做出了重要贡献。

如今，违禁品X射线安全检查技术在安检领域发挥着至关重要的作用，成为机场、港口、车站甚至地铁的必备设备。这其中就有张圈世贡献。那是1991年，地方的炸药研究领域专家专程找到张圈世所在的部队，希望部队能利用核技术共同承担国家"八五"重点科技攻关计划"隐藏爆炸物检测"课题。张圈世当时的研究领域就是包括X射线在内的各种核探测技术，他和他的团队就自然地承担起这个国家课题。

一般说来，爆炸物、毒品等违禁物品都是含碳、氧的化合物，借助X射线技术对所检对象碳和氧的密度和含量等信息的检测，可以检查到爆炸物、毒品等违禁物品，因为不同碳氧含量的物品会在射线照射后呈现不同的影像。面对国际上专利技术的保护壁垒，在理论攻关后他们只能把不同大小、不同种类的爆炸物采用各种方式隐藏于大大小小几十种包裹和行李箱之中，一遍又一遍进行试验验证和改进。在一次改进试验之后，为了能及时分析改进的情况，张圈世迫不及待地钻进安检机里查看，全然忘记了设备还在运行，整个人儿已经暴露在X射线的辐射范围内。

从"八五"到"九五"，我国爆炸物检测装备从实验研究走向了工程化，并取得了良好的成果和效益，该项目因此获得了部级科技进步二等奖。正是在该项目的攻关过程中，张圈世开始接触并了解到CT及医学影像技术。

1996年7月，中国政府宣布暂停核试验。一直在军队从事核物理研究的张圈世面临着新的选择。当时已经有一所全国重点大学向他抛出了橄榄枝，为了吸引他安心到大学工作，已先期把他妻子的人事关系调入学校并为她安排好工作。但反复思考之后，张圈世觉得大学的工作和氛围不适合他，因为与教学相比，他更愿意选择就着彻夜的灯光跟一个个数据、一个个公式较劲儿，他骨子里固有一种不断创新和挑战的劲头儿。

在一位老朋友的盛情邀请下，张圈世利用一次出差的机会到大基医疗考察。他发现这家高科技企业正在做国际前沿的医学影像设备的研发，而该医学影像设备所涉及的核心和关键技术正是他的专业——核探测技术。能从事自己喜爱并享受的工作，是一件幸福的事情。

"一见钟情"的他很快便"一定终身"。半年后，他毅然决定来到大基医疗工作，全身心投入到这个国际前沿的医疗影像设备的研发之中。

百次失败成就 PET 核心技术

长期以来，大型医疗设备市场和技术全部被国外寡头公司垄断。在诊断设备领域最有影响力的三家分别是：美国的通用电气（GE），荷兰的飞利浦（Philips）和德国的西门子（Siemens），俗称"GPS"。在治疗设备领域最有名的两家是美国的瓦里安和瑞典的医科达。这垄断不仅仅是设备市场的垄断，更是专利和技术的垄断；我国进口这些医疗设备的价格是极其昂贵的。

张圈世加盟大基医疗时，他们正组织一个 30 多人的专家团队，专门研发正电子发射断层扫描（PET）核医学系统。PET 是国际上最尖端的医学影像诊断设备之一，也是目前在细胞分子水平上进行人体功能代谢显像最先进的医学影像技术。PET 可以从体外对人体内的代谢物质或药物的变化进行定量、动态的检测，成为诊断和指导治疗各种恶性肿瘤、冠心病和脑部疾病的最佳方法。

张圈世所负责的是探测器的研发，也是 PET 的核心和关键技术。探测器上共有数百块易碎而坚硬的小晶体，每个晶体都需要切割成 64 块，每块平均只有 4×4 毫米；而且各小块之间还不能完全切开，需要保持相连，但相连的厚度还要求各不相同。如今这项工作已经实现机械作业，可在当年条件下只能依靠人工切割。这是一件非常谨慎又耗时的工作，稍不留神，晶体就会发生裂纹、甚至断裂而前功尽弃，浪费的不仅是时间和人力，还有价格不菲的晶体材料。整整 8 个月的时间，通过反复工艺探讨和不断优化，经历上百次的失败，终于依靠人工切割出了合格的晶体，研发出完整工艺和制作方法。

晶体切割完成了，只是探测器研发成功的一半。探测器就是 PET 设备的眼睛和耳朵。如果灵敏度不高，就不能准确反应肿瘤所在的位置和大小，更无法指引治疗设备精确打击肿瘤细胞。一个不小心，还有可能把治病的射线变成“致病”射线。张圈世拿出了当年部队做课题的那股钻研精神，带领团队日夜攻关，根

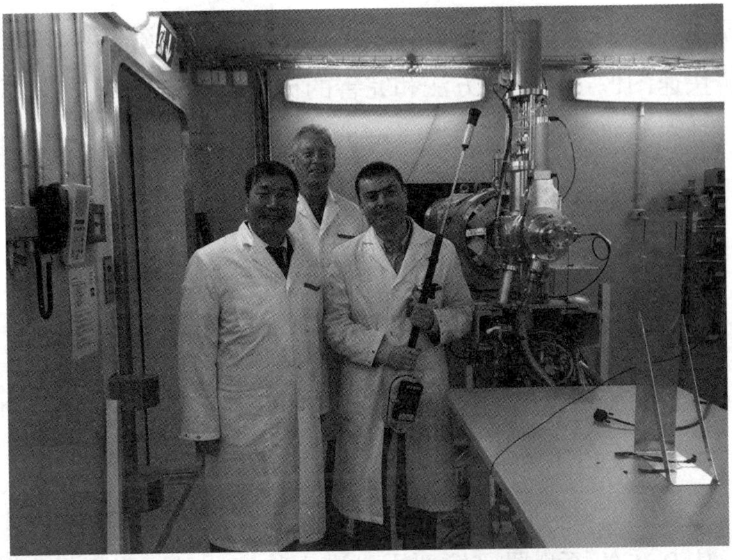

2016 年，张圈世（左一）访问瑞士伯尔尼大学爱因斯坦中心，与该中心 S.Braccini 博士和欧洲核子中心（CERN）P.Peter 教授在实验室。

据角度和射线的发射率不同，不断调整和改进探测器的探测技术和数据处理方法，加班、熬夜、忘记吃饭时间……

在整个团队的共同努力下，2004 年 PET 样机研制成功；随后大基医疗研发的 PET 系统在国内首家取得 CFDA 证书，冲破了"GPS"在行业和市场的垄断，拉低了 PET 设备国内售价，降低了患者的就医成本；而且他们国产的 PET 已经走向世界，获得欧盟的 CE 认证，近期将取得美国 FDA 认证。

2013 年，《正电子发射断层扫描（PET）核医学系统的研制及产业化》项目获得了国家科技进步二等奖。著名核医学专家，全国核医学时任主委、中国人民解放军总医院核医学科主任田嘉禾教授在 2006 年一次学术会议上对张圈世说，大基医疗生产的 PET 设备，无论是在探测精度还是成像水平，都与德国西门子的 PET 设备不相上下，他为我国有这样技术和能生产这样的设备而骄傲。

作为核医学功能成像诊断设备，大基医疗的 PET 系统创新了基于多学科多技术集成化的 PET 整机设计制造技术、PET 高分辨快速图像迭代重建方法和完善的校正算法、临床应用软件系统、动态绝对定量分析方法、可扩展的多模态核医学影像诊断技术等五大类关键技术。

从 PET 跨越 PDT 到 RDT

PET 的成功，只是张圈世和他的团队利用核技术造福人类的一个新起点。PET 只能诊断，能不能用核技术治疗呢？

这是一条艰难而崎岖的道路！不过，张圈世他们成功了！

从 PET 的探测器研发到样机进入临床测试，张圈世和他的团队一共用了 3 年多的时间，但对高能加速器放疗系统的研发，张圈世却耗用了10年的时光。

PET研制成功后，大基医疗开始进军放射治疗设备的研发。为此，他们收购了瑞典一家著名的高能医用加速器公司。这家公司能够生产产生50MV高能X射线的加速器放疗系统。

在研究过程中，张圈世发现高能X射线会产生很多独特的现象。比如50MV高能X射线在人体中可产生碳氧等可用于PET显像的正电子同位素，还可产生蓝紫色的切伦科夫光等。换句话说，当X射线的能量超过40MV，对肿瘤的治疗效果会产生独特的影响。张圈世团队独辟蹊径，致力于研制高能X射线加速器和研究这种影响。

事实上，早在19世纪初，科学家就发现：用激光照射20分钟，肿瘤中具有靶向性的光敏剂吸收光能后，产生光化学反应，可以使肿瘤细胞凋亡和死亡，从而对肿瘤组织产生杀伤破坏效应，并且破坏通往肿瘤组织的毛细血管内壁，阻断通往肿瘤组织的营养供应，从而达到治疗目的。这就是肿瘤光动力治疗技术（PDT）。

光动力治疗不仅对浅表肿瘤治疗效果很好，而且对非肿瘤也有很好的作用，如血管斑块等，还具有创伤小、毒性低、适用性好等优点。不过，这项技术也存在着缺陷，就是一般治疗深度不超过4至6毫米，尽管科学家们通过内窥镜、光纤介入等方法改进了这项技术，但PDT对深部肿瘤等的疾病治疗仍受到很大限制。由于X射线的功率比激光高，穿透性又比激光好。不少医学专家开始尝试用常规加速器的6MV左右的X射线照射含有光敏剂的肿瘤，这就是早期的光敏剂放疗增敏技术，但效果很有限。

经过蒙卡理论模拟计算和反复试验，不断调整射线的能量水平，张圈世团队发现利用45MV的高能X线在组织中产生的切伦科夫光，能够代替PDT技术中的可见光来激发光敏剂，使肿瘤细胞凋亡和死亡。这就是大基医疗后来引以为豪的全球独有的 A45 治疗技术——学术上叫放射动力治疗技术（RDT）。大基医疗发明了集独有的放射动力治疗技术、实时验证技术和放射性制药技术于一体的先进的诊疗系统。现在，业界的主流观点是，未来的 PET-CT、PET-MR 全世界先进技术，要看大基医疗。截至目前，大基医疗已申报国内外专利技术 70 余项。

2012 年，张圈世到美国参加世界最高水平的美国放射物理学年会（AAPM），他重点介绍了大基医疗的 RDT 治疗技术和 A45 治疗癌症的全套解决方案。他的报告引起了美国著名的费城 Fox Chase 癌症中心 FCCC（Fox Chase Cancer Center）首席专家查理·马博士的关注。2012 年底，查理·马博士借出差之机专程到大基医疗考察。随后，他又带领 FCCC 不同学科的专家团队先后 6 次到北京、无锡等地了解 A45 的技术原理和临床效果。

经过双方多次交流和商谈，2013 年，张圈世代表大基医疗与费城 Fox Chase 癌症中心 FCCC 签署协议，将拥有自主知识产权的整套先进的放射诊断治疗设备 A45-PET/MRI 销售到该医院，销售金额是 2000 万美元。这是我国高端大型医疗设备首次实现出口，也为大基医疗以后的业务拓展打下了基础。如今，已有哈佛医学院、加利福尼亚大学医学院、麻省总医院等多家医疗机构与大基医疗商谈合作，希望引进 A45 诊疗设备和解决方案。

张圈世和他的团队改写了国内该领域"只引入不输出"的历史，让北京亦庄制造登上了国际的舞台。而这也与亦庄管委会多年来的支持分不开，仅在 2016 年的 6 月 30 日，北京经济技术开发区各级领导就组织了一行 120 人的考察团到大基医疗进行深入考察，相隔 2 个月后，开发区又组织领导现场办公，表示要全方位做好服务，充分依据国家政策助推大基医疗的持续快速发展。

如今，从追赶者跨越到国际技术前沿，张圈世和他的大基医疗团队丝毫不敢停步歇脚。

他们投入研发新型 45MV 高能 X 射线加速器已有些年头了。在研发中，张圈世发现一套现在的 A45 设备需要占用 100 多平方米的空间，而且成本高，安装调试复杂，而且只有 A45 设备不足以完美解决肿瘤治疗中的问题。于是，他提出要研究一个全新型的小型化、高效率、低成本的 45MV 加速器取代目前的 A45 加速器，把 A45 加速器和具有分子影像学设备 PET 结合起来，研发一台集治疗和诊断于一体的新设备 A45 / PET 系统的想法。这个想法如果实现，将是在世界光子放疗领域独创的第一个新系统，甚至是一项颠覆性的创新。

目前，全球领先的 A45 肿瘤治疗技术能够将中晚期癌症病人一年生存率由国际上 30% 提高到 79%，两年生存率由 10% 提高到 53%，这让 54 岁依然奋战在科研一线的张圈世有些欣慰，因为他曾说过，"能够从事研究工作是一件幸福、快乐的事；能够从事医学研究更是一份伟大而光荣的事业。"

企业家感言

保持快乐的心情去工作

从事医学研究是一份伟大而光荣的事业。但做任何事情都不可能一帆风顺，当自己面对空无一人的国防实验基地，进行爆炸物残骸收集检测和诊断的时候，也会感到孤单；当无数次尝试也无法完成 PET 探测器晶体切割的时候，也会感到沮丧；当无数个日夜加班到凌晨，也未得到理想的模拟计算结果的时候，也会感到疲惫；当面对无数文献和实验数据，却找不到恰当方法的时候，也会感到迷茫。正是因为热爱自己的事业，在孤单、沮丧、疲惫、迷茫过后，更多的是坚定信念，对未来充满信心和更加努力的工作。

享受并爱上自己所从事的工作，是一件令人感到快乐、满足的事情。每一份工作都会有一些艰辛，都会或多或少让人烦恼。但每份工作中，都可以发掘出令人感悟和值得体会的某种东西，把工作当成享受，你就会竭尽全力；把生活当作乐趣，你就会满怀信心。当我垂垂老矣，只剩下回忆的时候，我想起来的只有快乐和享受快乐的满足，我感到自己的人生充满幸福感，也非常有意义。

耿锦启：

一间屋子几条枪　半百创业圆梦想

企业家小传

耿锦启，1950年出生，研究生学历，高级工程师。曾任北京建中机器厂微电子设备事业部总经理、副厂长，北京科控微电子系统工程有限责任公司董事、总经理，北京北方微电子基地设备工艺研究中心有限责任公司董事、常务副总经理，北京北方微电子基地设备工艺研究中心有限责任公司副董事长、总经理。现任北京北方微电子基地设备工艺研究中心有限责任公司党委书记、董事，中国半导体行业协会理事、国家真空仪器装置工程技术研究中心理事、北京电子装备工业协会理事长、北京七星华创电子股份有限公司副董事长。

2011 年，耿锦启在文昌大道 8 号的办公室。

“N”代表着North，体现了北方微品牌的传承性，又象征着北极星，指引着航行者前进的方向。

“Aura”是一种无处不在的光，宇宙中璀璨的星辉，体现了七星品牌的传承性，又寓意着一种方向的引领。

“Naura”这一全新名称标志着合并后的新公司，将继续传承北方微电子和七星电子悠久的品牌文化，并融合了两家装备龙头企业强大的创新实力，凭借精良品质和卓越服务，为电子信息产业提供更多发展的源动力。

……

2016年9月27日，北方微电子和七星华创在北京经济技术开发区发布了公司重组后的全新品牌：北方华创（NAURA）。

北方华创副董事长、北方微电子公司党委书记耿锦启首次向外界公开了“北方华创（NAURA）”品牌之谜。

这天距他领衔筹建国内第一家集成电路生产设备企业——北京北方微电子基地设备工艺研究中心有限责任公司15年差1个月，距北方微电子迁居亦庄整整5年。

15年前，耿锦启51岁，15年后，耿锦启66岁，为打破国外集成电路装备的垄断，耿锦启用生命和品质捍卫了民族尊严。

半百创业

集成电路设备是集成电路芯片制造的核心，由于起步较晚，中国这些设备在2006年之前完全依赖于进口。国内的集成电路产业与发达国家相比，研发和生产能力一直相差 20 年左右。

2001 年，国内的集成电路生产企业只能生产 350 纳米级的产品，而国外的生产厂商已经能生产 65 纳米级产品，两者整整相差 5 个技术代。每年大量的芯片主要依赖于进口，我国每年进口芯片的费用甚至超过了石油。因为对于集成电路制造而言，建一条 12 英寸的生产线大概需要投资 20 亿美元，而其中的 70% 到 80% 是用于购买设备。而在这样的生产线上，一直没有中国设备。

"十五"期间，科技部选择了光刻机、刻蚀机、离子注入机 3 个最关键的工艺装备作为集成电路装备制造领域的突破点。任务下达到北京市经信委，时任北京市经信委电子处处长的梁胜负责政府层面的政策对接并落实配套资金。

2001 年 10 月 25 日，北京北方微电子基地设备工艺研究中心有限责任公司注册。耿锦启开始筹建国内第一家集成电路生产设备企业，那一年他 51 岁，已经是北京建中机器厂主管生产的副厂长。

既没有技术来源，又看不到未来的发展前景。在酒仙桥的北京建中机器厂，耿锦启带着刚组建的由十几名技术人员组成的团队，开始了国产刻蚀机的研发。

筚路蓝缕，以启山林。很多朋友劝他，老耿，你是马上要退休的人了，从国外买台旧设备，仿制一台，交差退休算了。但是耿锦启觉得既然接了这个任务，一定要认真做；答应的事一定要做好，要有北京人说话算话的爷的范儿。

买样机——解剖——仿制是当时国内装备制造业发展最常选择的路。2003 年，耿锦启不顾自己已身患糖尿病多年，带领技术团队到美国考察，10 天跑了 12 个城市。没想到到了设备购买的签约环节，本来谈好的设备价格是 80 万美元，对方坐地涨价到 100 万美元，随后又涨到 110 万美元。按照当时的汇率计算，如果买下整套设备需要花费近900万元人民币。

耿锦启立刻决定，改变策略，改买设备为引进人才。耿锦启通过朋友帮忙在国外组织了一个研发团队开始设计，同时组织国内团队研发，这样国内国外两条腿走路，一年时间就做出了原理样机。国内团队边学技术边做管理，每个月同国外团队进行一次交流。在原理机诞生后又用了一年做出了 α 机。攻关期间，耿锦启因病两次住院，可是他却把医院变成了又一个攻关现场，在住院期间撰写了两万多字的总结报告。

2005年，8英寸100纳米级集成电路生产设备研发成功，并进入中芯国际天津工厂。2006年9月28日，当国家“十五”863计划“先进制造与自动化技术领域”办公室组织的13人专家组一致同意宣布：“100纳米离子刻蚀机和离子注入机重大专项课题通过验收”，在场的所有科研人员顿时热泪盈眶。

三个国际化

产品研发成果的确让人欣喜，但是对一家装备制造企业而言，更大的困难是如何让设备被大生产线客户认可。集成电路制造产业投资巨大，工艺技术门槛高，芯片企业往往对新进入该领域的国产设备信心不足，评价和使用国产高端新设备既要花时间，又承担着极大的技术风险。

国际主流集成电路设备之所以价格昂贵，是因为设备公司出售的不仅是设备，还有工艺技术、售后服务以及技术升级。以大规模生产为目标的芯片工厂很难向没有量产经验和销售业绩的设备公司购买产品。

为了保证每一台设备在客户生产线正常运转，同时后续研发能够跟上，耿锦启提出了“三个国际化”的企业管理理念，奠定了北方微电子未来十几年的发展基础。

所谓“三个国际化”就是：国际化人才、国际化技术和国际化运营理念。

从第一台装备的研发成功，耿锦启尝到了引进人才的甜头。他把购买样机形象地称之为传统的师傅带徒弟。

买设备只能让大家走马观花，设备本身不会说话，看的人理解成什么样就是什么样，不可能带来创新，知其然但不能知其所以然。就像师傅带徒弟，只有等到师傅离开了，徒弟才可能开始创新。而且样机很容易给人带来思维的限制，不买样机反而能够激发我们的创新思维。

如今，北方微电子最值得自豪的不是每年的新设备的研发，而是人才。目前北方微电子已拥有 9 名“千人计划”项目人才，10 名“海聚工程”人才，15 名海外专家以及 900 人的员工队伍。因为在耿锦启看来，只有不断引进国际化的人才，才能保证企业在装备制造领域的持续创新能力。

如今，虽然北方微电子的事业已经做大，但是在 2006 年到 2008 年，等离子刻蚀机项目验收后，企业甚至陷入了短暂的困境。“十五”项目完成了，也收到了部分订单，但是从长远来看，自主研发的装备还需要不断完善。于是，耿锦启带领团队进行二次创业。一方面，他组织原有的技术团队继续研发高密度等离子体刻蚀机；另一方面，利用现有的技术开发出应用于光伏领域的沉积设备，应用于 MEMS 领域的刻蚀设备以及应用于 LED 领域的刻蚀设备等。

随着公司规模的扩展，原有的厂房和办公区域都显得拥挤。耿锦启决定在北京物色一个新厂区。几经周折，他选定了北京经济技术开发区。当时，管理层中不乏反对意见，认为厂区远，配套不完善的有之；认为公司初创不久，投资新厂房占用资金过大的有之。然而，耿锦启认为经济技术开发区既有土地支持，又有政策保障，产业规划也比较超前，未来的发展前景一定非常可观。最终，他力排众议，牵头在亦庄兴建新厂房。

2007 年 10 月，北方微电子的亦庄新厂房破图动工。耿锦启写下带有明显耿氏风格的诗句：创业富民目标好，艰苦奋斗是法宝；齐心协力搞创造，越干心气越是高；金秋十月秋风爽，全体员工到亦庄；破土动工建新厂，公司明天会更强。

2010 年前后，国内 LED 的生产厂家多达百余家，但是国产刻蚀设备却为零。耿锦启的这一举措让企业很快获得了大量订单。就连在北京亦庄的新厂房的选址，耿锦启也选在了中芯国际和京东方两家企业之间。

用他的话讲，一定要离自己的客户近一点。如今，在 LED 设备市场上，北方微电子充分获得了客户的信任，根据用户需求先后开发出了 ITO 磁控溅射设备、AlN 磁控溅射设备、等离子增强化学气相沉积设备等，这些产品已经占据了全球 LED 领域绝大部分的市场份额，成为行业标杆。

不仅如此，公司开发的应用于先进封装领域的刻蚀机和 PVD 设备，应用于 MEMS 领域的刻蚀机等，也迅速占领了市场。而更重要的是在集成电路领域，北方微电子已经有越来越多的产品获得了生产线的认可，其中 55nm STI 刻蚀机、28nm TiN PVD 都已经成为集成电路主流代工厂的 baseline 机台。

2011 年 10 月 29 日，北方微电子迁居亦庄，在庆祝公司成立十周年暨新厂房落成的典礼上，耿锦启满怀感慨的写下了这些文字："一间屋子几条枪，百亩土地万米房；一颗种子育五年，十月结果千月香；招贤纳士人气庄，厚积薄发士气壮；统筹规划三产业，做精做优又做强；增收节支促发展，强企富民是方向；十年孕育结硕果，百年基业美名扬。"

三个本土化

耿锦启生于20世纪50年代，圈里的人都叫他“耿爷”。这是因为按着他的年纪早该退休，回家享受天伦之乐了。可是对北方微电子的员工们而言，这家企业确实离不开耿爷。

在北方微电子的公司门口，有一块石头，上面刻着“创造精良，打造民族自尊”。这正是这家公司自创业以来坚持的企业精神。为了传承这种企业精神，耿锦启又把企业文化细化为：永不言败的团队精神、执着拼搏的创新精神、精雕细琢的工匠精神。

2002年，北方微电子创业之初，耿锦启从老厂带来几个技术人员，加上新招聘的技术员组成了30人团队。当时国营厂员工待遇好，没有后顾之忧，技术人员对新企业的未来虽然不十分确定，但总觉得干不好可以回去。但是对新招聘的工作人员来说就不同了，一旦企业办不下去就面临失业。于是耿锦启带头提出，老厂出来的技术员要把各种组织关系从国营厂转出，和新员工一起统一放到人才交流中心。用他的话讲，这是自断后路。凭着这般破釜沉舟的勇气，新公司的团队凝聚力空前增强，所有人都开始为新产品的研发贡献自己的力量。

也是从那时起，耿锦启认识到人才建设、团队精神是企业发展的内生动力。随着国家“千人计划”和北京市“海聚工程”项目的实施，北方微电子引进人才的力度也开始加大。

北方微电子的员工都说“耿爷”特别能“忽悠”人才。因为只要耿锦启出马，总能招收到顶尖人才前来本方微电子工作。耿锦启却说，他留住这些人才靠的不是“一张嘴”，而是他给所有在技术岗位工作的员工都设立了明确的职业生涯激励计划。比如，技术类岗位的工资没有封顶，很多引进的人才只工作了两三年，收入就超过管理层的6倍到8倍。

不久前，北方微电子与七星电子进行了换股合并改革，耿锦启又开始谋划如何通过股权激励进一步调动员工的积极性了。

集成电路装备最大的特点就是对工艺指标有严格的要求，这里的工艺指标不单指某一个技术指标，而是指综合的工艺指标体系。就刻蚀机而言，设备在进入市场时，不仅要满足客户对于整机性能指标的考核，更要侧重对设备应用能力、工艺窗口大小和稳定性的考核。

如果仅依据企业内部经验和资源进行工艺实验和结果评测，设备很难适应集成电路产业产品类型快速发展所带来的工艺需求日趋多样化的要求。北方微电子在设备研发初始就创新性地提出了“工艺研发指导设备研制，与大生产线紧密结合”这一科学的技术攻关路线，强调以生产线真正的工艺需求为牵引，直接开发出能满足芯片生产线使用的工艺技术，并在实现工艺能力的过程中不断完善设备软硬件设计，从而快速、准确地满足客户要求，开拓集成电路高端设备的应用市场。

在国家02专项的实施中，北方微电子非常重视产学研用的结合，坚持以企业为主体，以产业化为目标，积极推动与多家大学和研究所的资源整合。公司以项目作为平台，通过资金这一纽带，吸引用户单位共同参与产品工艺考核与应用，加快科研成果转化，并建立多种形式、层次和领域广泛而紧密的产学研用关系，形成利益共享、风险共担的产学研用合作新机制。

在此基础上，耿锦启又提出了“三个本土化”的发展方向。所谓“三个本土化”是：本土化制造、本土化服务和本土化产业链。

北方微电子成立15年来，已经生产出超过500台反应室在生产线上稳定生产，还培养了百余家本土零部件制造企业。在服务方面，建立了“2小时响应、24小时原厂资深工程师与原厂零部件到达现场”的服务理念，大幅提升了客户信心。企业不断扩展产品方向，从集成电路到先进封装再到 LED、MEMS、power IC 装备，把自有技术转化为厂商需要的产品。

在此基础上不断拓展市场，建立起了覆盖亚、欧、美的全球营销服务体系。不仅如此，北方微电子将第一台研发出的新产品积极送入主流代工厂进行工艺与可靠性验证，这些设备都大量使用了本土化零部件，使得中国集成电路装备制造的产业链日趋完善……

这些都在践行着“耿爷”的“三个本土化”，耿锦启对下一个 5 年充满着期待！

➢企业家感言

整合做强宏图展，强企富民了心愿

北方微电子能走到今天离不开人才的支撑。同时，企业的发展也离不开供应商的支持。一条完整、健康的产业链，是企业生存下去的“活水”。目前，正值国家大力发展集成电路产业之际：从之前的千亿扶持计划，到近期的中国制造 2025，到各省政府下力气主导遍地开花，中国半导体产业面临着前所未有的发展机遇。努力抓住这个时间窗口将有可能重新定义全球集成电路设备市场格局，打造出属于中国集成电路自己的一片广阔天地。

最后，想用我在 2016 年工作会上的一首诗作为注脚：

执着奋斗十五年，市场业绩捷报传；
整合做强宏图展，强企富民了心愿。

梁峻彬：

让神秘的基因会“说话”

企业家小传

梁峻彬，中山大学生物化学与分子生物学博士毕业；曾就职广东省科学院，任微生物研究所助理研究员；后在深圳华大基因研究院工作，任人类医学美洲事业部总监；创办安诺优达基因科技（北京）有限公司，任首席运营官。拥有超过12年分子生物学领域研发和商业经验。当选“北京经济技术开发区领军人才”。拥有发明专利超过30项，软件著作权超过15项，曾主持和参与多项北京市生育和肿瘤相关基因诊断技术的研发课题，曾在Nature Genetics、Genome Research、American Journal of Human Genetics、Oncotarget等国际期刊发表8篇学术论文。

2016 年，梁峻彬（左）和陈重建（右）在公司 logo 前。

听到儿子想辞职创业的消息，梁峻彬的父母在电话那头一愣。

“他们可能觉得太不可思议了！”

想起5年前那一幕，梁峻彬至今还记忆犹新。

那是2012年，梁峻彬刚刚30岁，在全球最大的基因组学研发机构——华大基因研究院工作已有2年，家庭已成，孩子还小。这么稳定的工作，说辞就辞？还要离开家乡到北京创业？

虽然父母明确表示反对，但最后他们还是接受了。梁峻彬这样安慰自己，“反正，让他们觉得不可思议的事情，我做得已经很多，（父母）有些见怪不怪了。”

其实，让父母更加惊讶而又放心的事情还在后面。梁峻彬和伙伴共同创立的安诺优达基因科技（北京）有限公司，不仅让神秘的基因会“说话”，而且4年时间就成了业界知名的“小巨人”，越来越多的人开始接受基因测序技术带来的益处。这让梁峻彬对当初的选择更加无怨无悔。

都是那“不安分”的基因

世界上所有人的基因组99.9%的部分都是相同的。然而，就是人与人仅有的0.1%的差异，却决定着彼此之间如此不同。梁峻彬的基因里或许就有独特的那几段“密码”，以至于他的每个选择看起来都如“命中注定”。

梁峻彬1982年在广东出生，从小就喜欢接触大自然。不但热衷于养些小鱼小虾，就算吃个龙眼，他都会把核留下来，种在花盆里，看着它生根发芽，心中欢喜。读书到高中二年级，一个看似偶然又十分重要的选择，决定了他今后的道路。

那时，广东省高考刚刚开始改革，高考科目改为"3+X"，生物开始被列入选考科目，这引起了梁峻彬的兴趣。他很单纯地觉得，生物是关系到生命的科学，可能比物理更有趣，再加上自己喜欢，没想太多就直接选定生物作为高考科目。

当年高考改革刚刚开始，很多考生还免不了"一考定终身"。舍弃师资准备充分的物理，转向基础薄弱的生物，也许并非明智的选择。父母还没缓过神来，梁峻彬就自己报名分科。结果，全年级8个班级，只有6个学生选择了生物，只能分班出去上小课。

如今看来，从随后在中山大学读生物技术专业，到如今在基因行业崭露头角，梁峻彬的这条路算是走对了。

2009年博士毕业，梁峻彬到广东省科学院工作，拥有副教授待遇，生活安稳，但他总会有点蠢蠢欲动的小心思。做学生的时候，有些事情会天马行空地去想。但在科研单位里，就必须按部就班地做研究。特别是工作中遭遇一些十分具体的场景，梁峻彬就会时不时地问自己，"我到底适合做什么？应该做什么？"

一个偶然的机会，华大基因需要人类基因组研究人才的信息在QQ群里出现。信息是群发的，但对渴望改变的梁峻彬来说却正中下怀，忽然发现了新的方向。他模糊地觉得，人类基因组研究会更有趣，搞基础研究很长时间，也想看看这些研究究竟能做些什么。当时，这只是一个专业方向的模糊感知，可单单冲着一份"可能性"，他就迈出了一大步，从非常安定的体制内生活，走向了激烈竞争的企业。当然，跟父母说了他的想法，父母亲觉得简直不可理解，但最后也无可奈何了。

华大基因的2年经历至关重要，给了梁峻彬感受行业脉动的机会。当行业看到基因产业化的应用的曙光，行业的魅力和产业化前景极大地吸引了梁峻彬。他终于能够确定，基因测序技术必将走进寻常百姓家，真正被人类大范围应用。于是，梁峻彬坐不住了，“我要创业！”他想。

为什么要创业？这的确是个问题。因为创业不意味着成功，更有可能意味着失败。其中有很多体验，根本就不在人们感官的舒适区里。但今天的中国，依然有许多拥有安稳生活的人，舍弃了这个或者那个，去创业，做想做的事情，然后在大潮大浪中摸爬滚打。梁峻彬也即将成为“摸爬滚打”的这群人中的一员。

很多人的创业故事会令人觉得很有情怀和温度，相比之下，梁峻彬的创业过程比较简单直接、依赖直觉，甚至因为鲁莽向前而无暇他顾。只是想到了，就去做。“创业是一瞬间的决定，这次没有任何犹豫。生物技术不断有激动人心的发展，而且自己也找到真正喜欢做的事情，那这就是必须走出的一步。”在一些分享创业心路的场合，梁峻彬这样说。

面对似乎越来越“折腾”的生活，梁峻彬将一切归结为基因。“如果非要为这一切找一个理由的话，可能是基因使然。可能我就是有‘不安分’的基因吧！”

爱冒险、想变化，对新生事物有好奇心，对做新的事情有激情，更喜欢充满挑战的生活和不确定性的未来，发现了他就一定要去看一看，这就是梁峻彬基因决定的。

向前“闷头跑”的日子

基因是人的生命天书。从一个受精卵到一个成年人，大量的核心物质就是遗传物质，也就是DNA信息。一个人不论后天怎么改变，都要受到先天基因的影响。

梁峻彬在一次公开演讲中分享了自己的小故事："在我自己的基因组中，负责产生乙醛脱氢酶的 ALDH2 基因呈现缺陷性纯合，导致很难把喝酒后体内产生的中间代谢产物乙醛转化成乙酸。这意味着我对酒精的分解能力极弱。"他也用基因来解释向前"闷头跑"的创业历程，"看到基因是底色这一点，就很容易解释创业过程中那些义无反顾的抉择、盲目乐观的情绪、坚持不懈的坚韧、勇往直前的动力。"

和许多创业者一样，他最初的想法比较简单。基因技术有更广阔的应用，产业化的方向对人的帮助更大，切切实实地影响

2016 年 1 月，参加 2016 年 JP 摩根全球健康大会后，梁峻彬在加州一号公路海边留影。

人们的生活，正是梁峻彬的愿望。他常常打一个比方，“就像原本计算工具只有一个算盘，但后来突然发现有电脑，就能做更多的事情，我们也要做更多的事情。”

创业同时需要超强的执行力，那不是一个人的事，梁峻彬很快想到身在法国的老同学陈重建，希望由他负责公司的技术架构。梁峻彬会自嘲地称呼陈重建是“喝洋墨水的”，称呼自己是个“土鳖”。当“土鳖”想要创业的时候，就问问“喝洋墨水的”，商量一下怎么干。后来发现，陈重建也一直有这个心思，两人一拍即合。

陈重建原本可以在法国大学得到一份难得的教职，却拎着行李直飞北京。梁峻彬在北京的雾霾天气中接到了陈重建。两人没出机场，直接拉着大件归国行李去出差。站在 2016 年，回望 2012 年，那是一段闷头向前跑的日子，甚至顾不上犹豫、彷徨……

安诺优达创立伊始，他们就瞄准了世界首个基因组产业化应用的范例——无创产前 DNA 检测，这个技术只要攻克，就是世界同步水平，而且能切实满足孕产人群的现实临床需求。依靠过硬的技术，他们很快取得了突破，不但其检出率已达 99% 以上，有些指标比国际上报道的数据更加优秀。

北京经济技术开发区亦大力支持以安诺优达为代表的优秀企业创新创业发展，全面推进高端产业领军人才发展示范区建设，实施高层次人才创新创业引领工程；新区也特设多种专项奖项及资金，以表彰在新区经济社会发展和科技进步中做出突出贡献的企业及人员；同时新区注重推进开展产学研合作建设，鼓励以安诺优达为代表的优秀企业建立人才联合培养基地；在企业发展过程中，新区各级政府机构都给予相应支持，优化人才创新创业环境。

在开发区力推的发展道路上，梁峻彬他们选择了先建平台。也有些创业者会走捷径——从更加商业的营销入手，先卖产品，然后再把业务外包给有平台的其他公司。但梁峻彬和团队认为，先将研发、生产平台建立起来，后期发展才有后劲儿。平台硬件设备十分烧钱，只买了几台仪器就占了一半启动资金；团队里六七个人驻扎在亦庄产业园区的孵化楼里，偏僻得就连新人应聘都找不到地方。在行业内雏声初啼之前，团队闷头做了超过2000 例临床验证试验，耐心积累数据。

随即，市场开拓成了迫在眉睫的事。在实验室里如鱼得水的梁峻彬变身销售，碰壁成了家常便饭。在医院里等了一个上午，人家只给了一分钟。还说，"你们这是什么东西啊？从来都没听过，你回去吧！"技术上很前沿，大多数人不懂，公司也不够知名，于是难有合作的机会，这让他吃了不少闭门羹。

2013 年，终于等来第一份大订单，那是山东一家医院，一年的合作额上百万。更重要的是，当时一起竞标的还有两家先行公司。在这一情况下成功胜出，让创业团队倍感信心。有了一个突破口，接下来的市场逐步扩张，越来越多的客户向他们伸出了合作的橄榄枝。2013 年底，安诺优达就实现了几千万元的营业额，公司迅速成长，在这个新兴行业初占一席之地。

如今的梁峻彬经常会嘲笑曾经的自己，"创业时太乐观了，其实并没有做好商业上的准备。简单地认为，你需要这个东西，我们技术可靠，有好的产品，你买就好了啊！"

幸运的是，市场很快认可了安诺优达。

来吧，确定与不确定的未来

2014 年，就在安诺优达业务刚刚增长到一个新高度，国家政策调整为相关业务亮起了“黄灯”。监管部门发出《关于加强临床使用基因测序相关产品和技术管理的通知》要求暂停包括无创产前 DNA 检测在内的商业服务，安诺优达的主要业务也一度暂停。

从 2 月到 12 月，整整 10 个月时间，整个行业都在等待确定试点单位的新转机，梁峻彬也在等。国家允许企业申请试点，但时间上的等待令人煎熬。哪怕不刻意去想，心中的无形压力都在。二三百名员工也在观望，投资人的信心大减。梁峻彬称之为“决定公司生死的关键节点”。为此，安诺优达专门组织了一个团队，开始了比研发更为苛刻的加班历程，基本是关在公司吃喝拉撒，准备材料申报基因测序业务的试点。

幸运的是，当初先建平台的决策帮助年轻的安诺优达渡过了难关，技术实力和技术积淀赢得了新的行业“通行证”。当安诺优达的名字出现在了首批高通量测序临床应用试点单位名单中时，几位合伙人都跳起来，振奋地呐喊。那一幕，梁峻彬至今难忘，“机遇与风险是并存的，这说明我们的坚持是正确的，判断是正确的。”

安诺优达随即进入发展快车道。开始做肿瘤的基因研究，通过基因检测发现根本病因，针对基因突变使用特效的靶向药，并在治疗过程中通过基因检测分析手术或药物的作用和治疗进程；2016 年 2 月，宣布与阿里云达成战略合作协议，共同建立基因数据云平台，实现对高通量基因测序数据的快速分析、安全存储以及生物、临床研究数据一体化服务，从而为用户提供基因数据互联网应用平台；2016 年 4 月，宣布引进全球最高通量的美国 Illumina 公司的 HiSeq X Ten 测序系统，该系统是目前国际上最大最快的测序系统，其超高的测序通量及超低的测序成本进一步提升了安诺优达的基因测序平台实力和市场竞争力；未来，安诺优达将充分发挥强大的Bio-IT基础和产业化服务能力，进一步服务生殖生育健康与肿瘤精准医学的临床应用市场，使得医生能够基于病患的基因信息、生活方式等，为之提供更为精准的诊断和治疗……

当公司快速发展，梁峻彬也有隐忧，更多管理层面上的难题成为新的课题。以前只看行业趋势，做事靠激情、本能和直觉，但现在必须依靠更加理性的东西。运营的数据、管理的体系等，以良好的、可控的节奏去发展。在事业发展的速度、可靠性和稳定性之间做权衡。梁峻彬正在读EMBA，他深知，企业的发展需要更多管理上的基础，才能把握好今后发展的方向。

也许先天基因决定了许多，但梁峻彬正在体会后天努力带来的喜人成果。

特别是创业这件事，在行动上尤其需要勇气和坚持。因为有勇气，梁峻彬他们才能说干就干，与世界基因技术发展的节奏暗暗相合，通过几年的努力就成为这个行业杰出的一员。因为够坚持，才能比较乐观地看待企业成长路上的沟沟坎坎，无视般地跨过去，虽然过程艰难，但记忆中更多的还是高兴的事情。因为有了这些，梁峻彬他们才能在行业的滚滚洪流中和一群小伙伴紧紧携手，驾驶着一艘小船倔强地劈浪前行。幸运的是，梁峻彬在这个过程中不断挑战自我，也更加认识了自我。

不久前，梁峻彬和陈重建到美国考察市场，在旧金山大桥前寒冷的海滩上，他们将"安诺优达"的英文标识写在海滩上，放言"总有一天，要将业务做到旧金山"！事实上，安诺优达已经开始试水海外市场，2016年6月，在德国已经有了一个员工，就像一颗种子，静待发芽。

成果初现，梁峻彬还在忙：

忙着引进人才，"现在的亦庄也大不一样。再招人，就趁着春夏把人拉到亦庄开满鲜花的街道上走走，海归们会觉得这里跟美国很像”；

忙着继续创新，“对市场而言，我们是开荒的。市场教育总要付出代价和成本，也有很大阻力在其中”；

忙着寻找灵感，“我可能有职业病，看到一个很奇怪的动物，会想知道这个动物的基因是怎样的”；

忙着服务更多的人，“所有的技术都是以人为本的，未来我们要更好地解决人类健康的问题”；

然后再忙里偷闲，享受难得的工作间隙，“已经没时间坚持运动了，留恋周末躺在床上的时光。处于这个发展阶段，我很难将工作和生活完全分开”；

……

忙碌中有许多不确定性，但总有一些事情，梁峻彬是确定的——以基因为指南针，提醒健康人群关注自己的基因预警，帮助患病人群找到治疗的最佳途径，监测不利于健康生活的各种风险，这是切实能够帮助到人们的事情，值得坚持并好好地做下去。

还有一点，梁峻彬同样笃定——这项事业值得做一辈子！

企业家感言

创业是一个苦中作乐的过程

为什么要创业？这的确是个问题。因为创业不只意味着成功，更有可能意味着失败。其中有很多体验，根本就不在人们感官的舒适区里。但不管走哪一条路，路走得好不好则更多的源于后天努力。在行动上需要勇气和坚持。因为有勇气，我们才能说干就干，与世界基因技术发展的节奏暗暗相合，通过几年的努力成为这个行业醒目的一员。因为够坚持，才能比较乐观地看待企业成长路上的沟沟坎坎，无视般地跨过去，虽然过程艰难，但记忆中更多的还是高兴的事情。因为有了这些，我们才能在行业的滚滚洪流中和一群小伙伴紧紧携手，驾驶着一艘小船倔强地劈浪前行。

创业是一个历练痛苦以及苦中作乐的成长过程。在这个过程中，我们更加清醒地认识到了基因的价值，并且为自己的工作感到骄傲——我们做的事情是追寻生命的本质。

我们以基因为指南针，提醒健康人群关注自己的基因预警，帮助患病人群找到治疗的最佳途径，监测不利于健康生活的各种风险，这是切实能够帮助到人们的事情。

因为一个检测，优化一个人的生命轨迹，这就是我们的价值，是创业中的最大乐事，也是我们感到最光荣的事情。

后 记

亦庄，是北京经济技术开发区崛起的地方！

作为北京市唯一同时享受国家级经济技术开发区和国家高新技术产业园区双重优惠政策的国家级经济技术开发区——北京经济技术开发区（简称：亦庄开发区，BDA），是中国优秀开发区发展的代表，它成功打造出若干高端产业集群，引领了首都实体经济的发展。这些高端产业集群背后集聚的，是包括企业家、科学家、科研人员在内的各式各样的创新创业人才。

北京经济技术开发区工委组织部是开发区人才的大管家！

北京经济技术开发区工委组织部不仅管干部，还管人才，尤其是高端产业人才。提起开发区的高端产业人才，在他们脸上透出的那种自豪感无法掩饰；提起亦庄的“千人计划”“海聚工程”“新创工程”，他们会给你讲半天停不下来。于是，就有了我们这套丛书，就是用书的形式记录下这些人才，记录下这些人才的奋斗历程，记录下亦庄是靠着什么从一个辉煌走向另一个辉煌。书是承载人类文化的，把亦庄和人才写成书，亦庄以及亦庄人才的精神就变成了一种文化。

亦庄的高端产业人才是非常能干而特别的一群人！

在这个躁动忙碌的时代，处于瞬息万变的市场、身担拓展事业的压力，亦庄的这些高端产业人才们愿意抽出时间、静下心来，聊聊他们的得意与失意，分享他们的成功与喜悦，这是对我们采写者和出版者的最大支持。通过对他们的采访，我们不仅学到了很多的东西，而且感受到北京经济技术开发区承载的激情与梦想。正是因为这群找对了地方、做对了事的优秀人才，为亦庄以及自己的人生增添了无尽的色彩，亦庄才说：“因人而亦”。

后记

记者是创业创新与时代的记录者！

《因人而亦》每册收入 19 位高端产业人才，先期出版两册。在开发区高层次人才服务中心的协调下，经济日报社的 6 位记者用了 3 个月的时间从前期策划、分工、查资料、做功课，到中期采访和后期成稿，他们付出了辛勤的努力。看到他们用充满了激情的笔将人才们的人生浓缩在字里行间，将人才们的智慧折射在他们鲜活的生命中，将人才们的创业精神融入时代嬗变与个人命运交织融合的图景中，作为编者，我们先被感动了。

作为出版社，有幸参与此项重大的产业人才文化工程也是一种自豪。身为策划者、统筹者、编者和服务者，我们也在出版图书的过程中感知到亦庄的人、亦庄的事，并从这个伟大的创业创新群体身上体会到这个伟大的“智造”时代给亦庄带来了什么。如果说本书所记录企业的产品代表着“硬件”的亦庄制造，那么这套“亦麒麟高端产业人才”系列丛书则代表着“软件”的亦庄创造。

特别注明并感谢：本册图书中谢良志、范振灿、黄予良、韩忠朝、韩征和、赵彤、闫励、马骉、梁峻彬等 9 位企业家由栾笑语采写；杨云春、沈月雷、赵磊、孙启银、彭思颖等 5 位企业家由金晶采写；王印祥、陈宏良、姚立新、张圈世、耿锦启等 5 位由于泳采写，感谢他们。同时，也感谢北京经济技术开发区在本书采编过程中给予的支持和帮助。再次感谢受访者给予的采写配合及提供的大量图片。

如有不足之处，欢迎广大读者批评指正，帮助我们将以后各册做得更好。

编　者

2017 年 2 月 6 日

图书在版编目（CIP）数据

因你而亦. ①/栾笑语，金晶，于泳著. --北京：经济日报出版社，2017.1

（亦麒麟高端产业人才系列丛书）

ISBN 978-7-5196-0057-0

Ⅰ. ①因… Ⅱ. ①栾… ②金… ③于… Ⅲ. ①企业家-生平事迹-北京-现代 Ⅳ. ①G825.38

中国版本图书馆CIP数据核字（2016）第297956号

亦麒麟高端产业人才系列丛书：因你而亦 ①

作　　者	栾笑语　金　晶　于　泳
责任编辑	胡劲华
责任校对	林　珏
出版发行	经济日报出版社
地　　址	北京市西城区白纸坊东街2号（邮政编码：100054）
电　　话	010-63567687（编辑部）　63567692（发行部）
网　　址	www.edpbook.com.cn
E-mail	edpbook@126.com
经　　销	全国新华书店
印　　刷	北京市凯鑫彩色印刷有限公司
开　　本	710×1000 mm　1/16
印　　张	15.25
字　　数	190千字
版　　次	2017年2月第一版
印　　次	2017年2月第一次印刷
书　　号	ISBN 978-7-5196-0057-0
定　　价	58.00元